自民党はなぜ
ここまで壊れたのか

倉山 満
Kurayama Mitsuru

PHP新書

はじめに――なぜアナタは日本の政治に絶望するのか

たいていの日本人は、自分の国の政治に絶望しているでしょう。自民党政治の留《とど》まるところを知らぬ酷《ひど》さ。それでも代わる野党もないので、どこにも選択肢がない。

かといって中公新書のような裃《かみしも》を着たような本を読んでも答えがわからない。この本は、そんな人に向けて書きました。まあ私も、中公新書さんは講談社現代新書さんとともに、愛読してるんですけどね。両方とも、岩波新書さんと違って、当たりはずれが少ないですし。

それはともかく、じゃあ、なぜアナタは日本の政治に絶望するのか。

本書は、貴方が日本の政治に絶望する、その理由が正しいのか間違っているのかを診断します。意外と、頓珍漢《とんちんかん》な誤解をしている場合も多いものですから。その真の原因を抽出、解決策を提示するのが、この本の目的です。

この本は政治改革の本です。戦後政治において、つまり「一九五五年の体制」が成立してから、戦後政治とは自民党派閥政治のことであり、政治改革とは自民党の派閥政治の改革だった事実を押さえておきましょう。

これまでにも、何度も「政治改革」が叫ばれてきました。「政治改革」の歴史とは、実は、自民党の派閥をどうするかの歴史であったという歴史を知らないで、今の目の前のニュースで流れてくる現象だけ見ていても、何もわかりません。形を変えて同じことを繰り返しているだけですから。

頭が痛いのは、日本の政治学者の多数派が、自民党を近代政党だと思っていることです。根拠は全国組織を持つからだとか。

では、官僚機構をシンクタンクに使っている政党が、近代政党なのか。「政党の部会に官僚がご説明に来て、事前審査が実質的な審議で、国会は単なるセレモニーかガス抜き」とか、イギリス人が聞いたら失神しそうな光景が日常的に繰り広げられているのですが。逆に、日本の国会議員がドイツに視察に行ったら、「国会議員が国会で本当に議論している！」と仰天したという話も聞きます。

日本もイギリスもドイツも程度問題でしょうが、日本の研究者や実務者は海外の事例、特に同じ議院内閣制であるイギリスやドイツの実態を「外国でもこうなんだから、これでいいのでは」と都合よく切り取って言い訳にして、何もしない傾向があります。海外視察や研究を「外国だってこんなものなんだから、日本はこのままでいい」という事例に使われるのは日常茶飯事ですが、だったら遊んで帰ってきて何もしないでいてくれるほうがいい。

この本、本当はもっと早く書けました。日本人が政治に絶望する十の理由は即座に思いついたので。ところが、たった一つの解決策が思いつかなかったので、書けませんでした。より正確に言えば、「政治とカネ」の問題の解決策は簡単に思いついたのですが、もっと根深い問題に気付いたので、長くかかってしまいました。

では、根深い問題とは何か?

我々は地球上で文明国として生き残ることができるか、です。

本書は、日本国が地球上で文明国として生き残るために何が必要なのか、単なるゼニ・カネ・スキャンダルの話ではないと前置きしてから、お話を始めます。


（本文中、すべて敬称略としました）

自民党はなぜここまで壊れたのか

目次

第二部　あなたが日本の政治に絶望する十の理由　147

終章 「ひれ伏して詫びよ」 231

おわりに

第一部

これだけは知っておきたい政治改革挫折の歴史

もはや〝ソコソコの政治〟に我慢できない

この本を手に取ったということは、あなたは日本の政治に不満を持っているはずです。では、具体的にあなたは日本の政治の何に不満なのでしょうか。

あらゆる腐敗と無能に耐えねばならない自民党の〝ソコソコの政治〟に対して不満なのではないでしょうか。そうかといって立憲民主党は〝アレ〟な人たち。かつての「悪夢の民主党時代」を思い出したら、野党を応援する気になれない。民主党の後継政党の立憲民主党は論外として、他の野党はその議席にも及んでいない。

実際に、立憲民主党の古株やコアな支持者たちは「民主党政権は素晴らしかった」という、控えめに言って日本人の九〇％に受け入れられない異次元の歴史観の持ち主たちです。この期に及んで、「泉の次は野田か枝野」とか言っています。今は代表の泉健太が正気の人なので、彼らの狂気を抑えてくれているという地獄絵図の政党です。

この〝ソコソコ〟と〝アレ〟の二択しかない、だったらソコソコで我慢するしかないのが、一九五五年の体制です。

一九五五年の体制とは、昭和三十（一九五五）年に万年与党の自由民主党と万年野党第一党の日本社会党が結成され、野党は分裂していくけど、自民党が与党でいる体制のことです。政治学者の升味《ますみ》準之助《じゅんのすけ》先生が「一九五五年の体制」と名付けたのですが、「五五年体制」で定着しました。

五五年体制では、自民党の腐敗と無能が追及されるたびに「●●党に政権を渡して破滅したいのか」が脅しとなってきました。●●党には、日本社会党、民主党、民進党、そして立憲民主党が入ります。一時的に新進党が社会党の後に野党第一党でしたが、あっという間に分裂、社会党の先祖返りのような、民主党～民進党～立憲民主党の系譜が野党第一党を占めています。五五年体制よ、永遠なれ★◇□△？！

このまま永遠に今のような自民党に耐え続けなければならないのか？　そんなストレスをみんなが感じています。この「与党にどんなに不満でも、野党第一党はもっと酷い」という状況こそ、日本人が政治に絶望してきた根源です。

そもそも選挙をやるなら、最低限二つの選択肢がなければなりません。二大政党制であるべきか多党制であるべきかは別として、最低二つです。マトモな選択肢が一つしかないのは、ゼロと同じです。与党は無限大に腐敗して、国民が政治に絶望しますから。

自民党派閥解消失敗の歴史

「戦後最悪」と言われる選挙はいくつかありましたが、中でも一、二を争う酷い選挙が昭和五十一（一九七六）年総選挙でした。後で詳しく話しますが、落としたい議員を落とせない構造が問題となり、その反省に基づいて後に小選挙区制になるのですが、その後も根本的な問題は解決していません。派閥もなくなっていません。

ちなみに一知半解の論者がすぐに「小選挙区制が諸悪の根源だ」と言い出しますが、中選挙区制に何か一つでも良いことがあったのか、あったら挙げてほしい。今の小選挙区比例代表並立制にも問題はありますが、それでも中選挙区制よりははるかにマシです。問題は、政治改革の切り札として小選挙区制が導入されたのに、このザマ。

平成初頭の空気を少しでも知っていれば、この絶望感は倍化します。

岸田内閣でも自民党の派閥政治と金の問題が噴出しています。「派閥解消」が叫ばれているけれども、どうなることやら。毎週集まって情報交換したり、盆暮れに餅代・氷代を配ったり、といった面倒なことをしなくなっただけ。実際に派閥はあります。むしろ、表向きの派閥がなくなったので、今までは手を付けられなかった他派閥の議員に切り崩しが始まっているとか。

そして、何よりも「総理・総裁を輩出する主流派とその他」という構造は、絶対になくなりません。一時、「総主流派体制」と称した「主流派とその他の翼賛派閥」という時代がありましたが、そこに権力がある限り、権力のおこぼれにあずかれる者とそうでない者の区別はなくなりません。

自民党の派閥を解消する方法は、「分党」しかありません。ドイツは二大政党に加えて小政党がいくつかあり、それらが連合して与党を形作ります。有権者には選択肢があり、多くの票を集めた党の政策が反映されるしくみとなっています。日本で言えば、「岸田党」「麻生党」「茂木党」……のように分かれているようなものでしょうか。日本の自民党も派閥で割れてそれぞれが党を作ってくれたら、支持政治家集団を選ぶことができます。もっとも自民党の派閥は、政策で分かれているわけではありませんが。

何より自民党は分党などしません。そして、派閥の弊害をなくすために導入された小選挙区によってメリットがなくなったかに思われたものの、変質しながらいまだに存続する派閥。このしぶとく生き残る自民党の派閥とは、いったい何なのでしょうか。

第一部では、最低限知っておいていただきたい政治改革の歴史、というより政治改革挫折の歴史をお話しします。

事実上、「自民党派閥解消失敗の歴史」です。

その一　派閥解消は自民党伝統の〝エクストリームスポーツ〟

「派閥解消」で「派閥抗争」が激化する

エクストリームスポーツとは、速さと過激さを争う競技のことです。

令和六（二〇二四）年夏現在、岸田文雄首相は派閥と政治資金の問題から「派閥解消」を唱えています。自民党はこれまで何度「派閥解消」をしたでしょうか。わたくし、いちおう憲政史に詳しいつもりですが、その私でも今回が何回目の「派閥解消」なのか数えられないほど、これまで何度も何度も「派閥解消」が試みられてきました。思い出したように「派閥解消」しては、そのつど派閥が復活しているというのが自民党の歴史です。むしろ、派閥解消を言えば派閥抗争が激化するのが常です。

まさに今、起きているのもそれです。物を高いところから落としたら落ちる。そのぐらい自民党が派閥解消を言い出せば、派閥抗争が激化するのは自明の理です。

事実、岸田さんが「派閥を解消してきました」と記者会見すればインパクトがあったのに、「派閥解消を検討する」とか中途半端なことしか言わないので、「最後の親分」とも言われ決断力と結束力で定評があった二階俊博前幹事長が「派閥を解消する」と派閥総会で宣言。他の派閥も雪崩《なだれ》現象で派閥解消の動きを見せると、完全に出遅れた麻生太郎副総裁は「ウチは派閥を存続させる」と宣言。このエクストリームスポーツ、ズルをやっていいトラック競技のようなもので、周回遅れの者がいつの間にか先頭集団の如く走っていて、私からしたらデジャブでしかありませんでした。

このエクストリームスポーツの起源は、第二次岸内閣に遡《さかのぼ》ります。

最初の総裁選挙ですでに派閥の弊害が

自由民主党は、もともと寄り合い所帯でした。昭和三十（一九五五）年に自由党と日本民主党が合併してできた政党である上に、自由党にも日本民主党にも派閥がありました。

鳩山内閣の途中で保守合同によって自民党が誕生しましたが、鳩山の後継者は選挙で選ぶことになりました。日本憲政史上初の主要政党による総裁選です。このとき、「八個師団三連隊」と呼ばれる大小の派閥が、世にもおぞましい「飲ませ食わせ抱かせ」の金権政治を繰り広げました。ちなみに八個師団とは岸信介、池田勇人《はやと》、佐藤栄作、河野一郎、三木武夫・松村謙三、大野伴睦《ばんぼく》、石井光次郎《みつじろう》、石橋湛山《たんざん》を領袖《りようしゆう》とする八大派閥のこと。三個連隊は、芦田均、大麻唯男《おおあさただお》、北村徳太郎の三派です。

この第一回総裁選挙で自民党議員の派閥化が進みました。つまり、この時すでに派閥の弊害が問題となっているわけです。

権謀術数・合従連衡の末に石橋が首相になりますが、すぐに病気退陣。総裁選で二位だった岸が自民党総裁、総理大臣になります。「自民党総裁選挙とは総理大臣を選ぶ選挙のことである」とされる時代の到来です。

小派閥は他の派閥に吸収され、あるいは分裂し、岸・池田・佐藤・河野・三木松村・大野・石井の七大派閥に収斂《しゆうれん》されます。「三連隊」は、あっさりと解体（というか派閥として成立したかどうかすら、あやしい）、一〇名ほどの小派閥だった石橋派は領袖の石橋を担いだから派閥としての求心力がありましたが、すぐに三木松村派に大半が吸収されます。ちなみに年齢が若い三木が、他の当選回数が少ないけれど年齢が高い議員を抑えるために戦前の民政党からの長老の松村を担いだので、最初は「松村三木派」と呼ばれ、いつの間にか「三木松村派」と呼ばれていましたが、実態はずっと三木派です。

それはさておき石橋が病気で退陣したので、昭和三十二（一九五七）年二月に岸は石橋内閣の全閣僚を率いて組閣します。約半年後に内閣改造、ここではじめて自前の組閣をしますが、見事に派閥均衡。主流派の佐藤・大野・河野派だけでなく、反主流派の池田・三木・石井派にも気を使いまくらねばならない組閣でした。岸としては解散総選挙で自派を増やしてから、もっと思い切った人事をやりたかったのでしょう。

総選挙後の翌昭和三十三（一九五八）年六月に、第二次岸内閣を発足させます。さて、ここで「派閥にとらわれない、人材本位の人事」を行います。自民党の党三役のうち幹事長と政調会長を岸派で独占しました。幹事長が川島正次郎《しょうじろう》、政調会長が福田赳夫《たけお》。皮肉なことに、この二人は岸の首相退陣後に分裂して、それぞれ福田派・川島派を作ります。

自民党の党三役とは、幹事長、総務会長、政務調査会長で、総裁につぐ最高幹部です。この三役に入ることが主流派である証明となります。自民党総裁選を一派閥だけで勝った人は一人もいません。必ず二つ以上の派閥と連合するので、同盟派閥からも入れなければなりません。

その中で最も重要なのは、総理大臣の仕事が忙しい総裁に代わり党務を取り仕切る幹事長です。初期の自民党は幹事長を自派で固めて、他の二つ（足りない時は副総裁）を主流派に分け与えていましたが、三木武夫というきれいごとが大好きな人が「総幹分離」を唱えたので、幹事長も主流派に分け与えるようになって今に至ります。「幹事長は総裁派閥から出すのが当然」という空気がいったん破れてしまえば、他の派閥が「ウチに寄こせ」と言うに決まっています。

それはともかく、岸はそのうち二つを自派で固めました。「派閥にとらわれない人事」とは、総理総裁が自分に忠誠心が高い人間だけで人事を固めることです。

ちなみに、権限・権力ある党幹部や大臣のような〝おいしい〟ポストを自派で占めようとするのは、自民党に限りません。一九九〇年代の細川内閣でも、小沢一郎率いる新生党が、大蔵・外務・通産・農水に加えて防衛庁長官と、美味しいところをすべて持っていきました。二〇〇〇年代の小泉内閣でも「脱派閥」を絶叫しながら、重要ポストを小泉首相が寸前まで所属していた森派が独占していました。小泉の息のかかった「無派閥」も含め、ほとんど過半数の閣僚を小泉系が押さえている内閣でした。

「派閥解消」を唱えれば派閥抗争が激化し、「派閥人事にとらわれない」と言えば、総理・総裁が好き勝手に人事権を行使し、他派閥に遠慮をしない大義名分にしかならない。

そういう法則があるのです。

自民党は派閥の連合体

自民党は色んな政党が合併し、元の政党が派閥化した派閥の連合体であるとよく言われますし、実際にその通りです。しかし、もう少し細かく見ていくと、半分正解で半分不正確です。

自由党と日本民主党が保守合同して自由民主党が生まれたのですが、自由党や日本民主党にも歴史があります。

民主党系に関しては「もともとの政党が派閥になった」は、ほぼ正解です。

占領期から長期政権を築いた吉田茂に常に政権抗争を抱いていた鳩山一郎は、与党の自由党を「出たり入ったり、また出たり」を繰り返し、主人の鳩山が自由党に戻った後も三木武《ぶ》吉《きち》や河野一郎は八人で「日本自由党」という政党を守っていました。

岸信介は戦後、公職追放が解除されると「日本再建連盟」という新党を立ち上げ、後に自由党に入ります。そして、鳩山が吉田と対立して自由党を離党するときに、岸も行動を共にします。

三木武夫は少数政党を率いて常に吉田茂の反対党に位置し、政党のM&A（合併・買収）を繰り返しながら、第二党である改進党の幹事長に。

石橋湛山は、最初は吉田側近でいきなり蔵相に抜擢《ばってき》されましたが、公職追放されてからは鳩山に従います。

吉田内閣の末期に、鳩山が石橋や岸を連れて脱党、日本自由党・改進党と合併して日本民主党が結成されます。石橋派を除けば、三つの政党の寄り合い所帯で、元の政党が新党の派閥になった状態です。

一方、自由党系は政党の合従連衡ではありません。この党、本当は鳩山一郎が作った党ですが、占領軍に嫌われて公職追放されて、友人の吉田茂に総裁の地位を預けたのが、戦後派閥政治の始まり。

本来ならば総理大臣や政党総裁になどなれない政治の素人の吉田が、占領期の混乱で自由党総裁になり総理大臣になり「子分を増やしたい！」とアホみたいに候補者を乱立させたらマグレ当たりで大量当選、その人たちが「吉田学校」と言われる巨大派閥を形成しました。吉田の引退後、吉田学校の優等生の池田勇人と佐藤栄作がそれぞれ派閥を作り、後に「保守本流」を自称します。完全に「言った者勝ち」ですが。

党内で肩身が狭い思いをしている鳩山派の残党をかき集めたのが、大野伴睦の大野派です。

そして、公職追放されたけど占領軍がいなくなったので政界に復帰した代表が、緒方竹虎。緒方が急死した後に石井光次郎が派閥を継ごうとして、まるで力がなくて半分の人数もついてこなかったのが石井派です。

ということで昭和三十（一九五五）年の保守合同の時、日本民主党には鳩山（河野）、岸、石橋、三木の四つの派閥の源流があり、自由党には緒方（石井）、大野、池田、佐藤の四つの派閥の源流がありました。

ところで、「保守本流」という言葉も、勝手に定義を変える人がいるので注意してください。まず、吉田茂に連なる池田・佐藤が保守本流であるということは誰にも文句がないことになりました。池田・佐藤が自民党の黄金時代の長期政権を築いたからです。本当はそこに池田の前の岸も入っていました。昔は、「岸・池田・佐藤の官僚出身者が戦後政治の保守本流」と言われたものです。

ところが、岸の孫の安倍晋三が首相になってから、にわかに岸やその後継の福田赳夫の系統が保守傍流にされてしまいました。福田に至っては「東大法学部→公務員試験首席→大蔵省（主計局長まで行きながら占領期の混乱で昭電疑獄に巻き込まれ、官僚トップの事務次官になれず）」というスーパーエリート官僚なのですが……。安倍憎しで、その祖父・岸信介を貶めたかったのかもしれませんが、そういう歴史改竄《かいざん》をしてはいけません。

昭和三十五（一九六〇）年の安保闘争の時に、安保改定を推し進める岸・佐藤に、それまで反主流派であった池田勇人が加わって、これを保守本流と呼びました。一方、日米安保条約の裁決を欠席した河野・三木は傍流扱いです。

自民党の派閥は親分を総理大臣にする集団

自民党の派閥とは、親分（領袖）を自民党総裁選で勝たせ、総理大臣にするために集まった国会議員の集団で、当初は「疑似血縁集団」とも呼べる集まりでした。

「親分が好きだから集まる」が結集原理であって、どんなに不利益であっても「あいつが嫌い」で出ていったり割れたりする。損得勘定ではなく、平気で好き嫌いで動いていました。本当に「アイツが嫌い」「なんで俺があいつに頭を下げねばならないんだ」で派閥を割る。すでに紹介した例で言うと、岸は退陣後に自分の派閥を超エリート官僚出身で政策能力が抜群の福田赳夫に譲ろうとしましたが、これに岸よりも政治歴が長い川島が反発。福田派と川島派のみならず、岸内閣で外務大臣だった藤山愛一郎《あいいちろう》までが「俺も派閥を作る」と三分裂しました。

元々の自民党の派閥とはそういうものでしたが、今はだいぶ違います。その変化については、本書を読み進めていただければわかります。ひとつだけヒントをあげると、この頃は「サラリーマン政治家」がいなかったからです。「サラリーマン政治家」については後で嫌と言うほど――書いている著者が嫌になったほど――説明しますが、本物のサラリーマンが蛇《だ》蝎《かつ》の如く嫌う人種です。

総理大臣（およびその候補）が総裁選に勝つために子分を集め、子分は親分を総理大臣にするために集まる。その結集原理は金です。金を出し、養い、国会議員にし、出世させ、大事にする。日本にしかないとは言い切りませんが、民主主義の発達した先進国にはあまり見られないしくみです。これが普通だと思わないほうがいいでしょう。しかし、日本の戦後政治が、そのように行われてきたことは残念ながら事実です。近代政党からはほど遠い。

イギリスも十八世紀から十九世紀にかけての議会政治草創期の百年くらいは、似たような状況でしたが、これではいけないということで近代政党が発達しました。我が国は明治二十三（一八九〇）年の帝国議会開会から百三十年以上、自民党結党からでも七十年も経《た》つのですから、そろそろ近代政党へと脱皮してもいい頃ではないかと思うのですが、そんな気配が宇宙の彼方《かなた》へ消えていっています。

話を戻すと、親分は自ら金を集め、子分を養う。金集めは大変です。それに、総理大臣就任後も政権を維持するためにやはり金集めは必要です。戦前から政治には「黄金と情実」がつきものであると言われるのですが、「金」以上に大変なのが実は「情実」です。総裁選ほか、人間関係の貸し借りが政治・政局の節目節目で発生し、それをいちいち清算しているうちに、エネルギーが尽きていく。だから、吉田、鳩山、石橋、岸と連続して、総理退陣後は力尽きて派閥が解消しているのです。

また、この頃の派閥＝総理には何かを成し遂げるという使命がありました。弱小派閥で総理就任期間も短かった石橋を除くと、吉田茂＝サンフランシスコ講和条約、鳩山一郎＝日ソ国交回復と国際社会復帰、岸信介＝安保改定、佐藤栄作＝沖縄返還など、一大事業をやり遂げて辞めています。そのため、代替わりすることによって新陳代謝が生まれていきました。

池田勇人は病気退陣のため池田派は成仏できませんでした。池田は昭和三十九（一九六四）年十一月に退陣しますが、翌年に亡くなってしまいます。後継者は前尾繁三郎。自民党幹事長を三期も務めながら子分を一人も作れなかった残念な政局能力の持ち主で、大平正芳《まさよし》にクーデタを起こされ、あっという間にその座を追われてしまいました。そんな宏池会《こうちかい》は、すでにその頃に「お公家《くげ》集団」と言われていたのでした。

ちなみにマンガ家の大和田秀樹先生（池田を描いた傑作漫画『疾風の勇人』の著者。現在は秋田書店の『ヤングチャンピオン』で『角栄に花束を』を連載中。いつも献本ありがとうございます）によると、「宏池会は吉田派の殴り込み集団だったのにいつの間にお公家集団になったんだろう」だそうです。そう言えば……。

「派閥解消」運動の第一号は福田赳夫

そんな時代にも「派閥解消」という〝エクストリームスポーツ〟は行われておりました。

岸がどうしてもやりたかった安保改定を通したところで力尽きて退陣。「保守本流」の三派が結束して、岸派と佐藤派の支援により池田勇人が総裁選に当選。総理大臣として高度経済成長を推進します。しかし「めでたし×2」とならないのが大人の世界。岸と佐藤は「誰のおかげで総理総裁になれたと思ってんだ」との態度を隠しもしません。

その態度が最も露骨だったのが、岸派の福田赳夫です。池田は大蔵省で福田の直属の上司。しかし京大法学部卒の池田は、東大法学部卒の福田から見れば「なんでお前の格下にならねばならないんだ」と差別の対象。この頃に書かれた記事や書物を読むと、大蔵省でも現在進行形で実力者の池田と、近い将来の総理大臣候補の福田とで系列が割れています。ソリが合う理由がないのです。このあたりの関係性は『嘘だらけの池田勇人』（扶桑社新書、二〇二一年）をどうぞ。著者名は忘れましたが、読み終えた時に感動でタオルをびしょ濡《ぬ》れにする名著です。

福田が打ち出したのが、高度経済成長反対と派閥解消。経済センスがあった福田、前者は政争の具にしただけですが、後者は趣味を通り越して本気でした。福田は「党風刷新連盟」を結成し、派閥解消を公に提唱しました。

さて顚末《てんまつ》。福田の派閥解消は誰にも相手にされず、福田は「党風刷新連盟」を基盤に福田派を結成します。栄える「派閥解消運動の第一号」は、自分が派閥を作る土台固めとなっただけでした。他の派閥の領袖が派閥を解消しない以上、自分も派閥を作って対抗するしかない。権力闘争の法則です。

ついでに言うと、池田内閣の次の佐藤内閣では池田時代を超える高度経済成長を達成しますが、それを推し進めたのは、池田の高度成長政策に反対していた福田でした。佐藤と福田は、自民党の公約泥棒第一号でもあります。

ちなみにイギリスでは公約泥棒は「下着泥棒」呼ばわりされます。後に名高い宰相となるベンジャミン・ディズレイリが若手議員だった頃、時のロバート・ピール首相に論戦を挑みました。なお注意事項ですが、ディズレイリもピールも同じ保守党員です。それまで保護貿易を唱えていたのに政権を維持したいがために自由貿易に転換しようとするピールに対して、ディズレイリは「紳士は他人が入浴中に下着を奪ったりしないものだ」と議会で演説して、ピールの親戚に決闘を申し込まれました。現職首相が決闘するわけにはいかないので。

もちろん、新人ディズレイリの演説が首相をやり込めたという華々しい話は建前で、裏には当時の保守党の派閥抗争があるわけなのですが、演説によって政治が動くという要素と公約泥棒はだめだという建前がイギリスでは成立していました。日本にはそれがまったくなく、高度経済成長の時代、「建前なんてどうでもいいから、結果だけよければすべてよし」の時代でした。

戦後日本の場合、その政治的背景にソ連の脅威がありました。「まさかソ連に日本を渡すわけにいかん」ですべてが許されていたようなところがあります。しかも、なまじっか高度経済成長を経て生活が目に見えて向上している最中ですから、国民に不満がない。あるいは不満が顕在化しにくい時代でした。「派閥解消」を言っている福田赳夫が、きれいごとを言いながら自派閥を作っただけという事実にも大きな不満の声は聞かれませんし、まして、公約泥棒して高度成長に邁進《まいしん》している佐藤や福田を本気で非難する人は誰もいません。

もっとも、福田が派閥を嫌っていたのは確からしく、いざ福田内閣が出来上がると派閥を解消したのです。すると三角大福中のエクストリームスポーツが始まって、真っ先に解散したのが田中派でした。田中派、大平派、中曽根派が次々と派閥を解消して、政策研究会に衣替えしました。なんのことはない、名前を変えて同じ人が同じ場所で集まっている。そして、出遅れた三木武夫は、「うちは最初から政策研究会だ」と開き直りました。

どこかで見たような光景です。今の岸田政権も似たような状況です。自民党の歴史を知っている麻生太郎はバカバカしいから派閥を解消しないわけです。

この派閥解消にはオチがつきます。福田は「派閥活動は嫌だ」と選挙をサボりまくり、福田再選確実と言われた総裁選で大平支持の田中軍団に敗北。総裁選で敗れた唯一の現職総理大臣になりました。この時、福田は「天の声にもたまには変な声がある」という迷言を残しましたけれども、「変なのはあんたの耳だ」とハマコーこと浜田幸一代議士から罵られる始末。周囲から、きちんと派閥活動をしなければ当選できないと忠告されたのに、福田がきれいごとでダダをこね、「人気投票で現職総理大臣が負けるわけがない」と自信過剰で落選してしまったのでした。

その二　政治改革の原点は三木武夫

「派閥解消」公言第一号は福田赳夫ですが、政治改革の歴史を語る時に外せないのが三木武夫です。「議会の子」「クリーン三木」を標榜《ひょうぼう》しながら、「やっていることは一番えげつないバルカン政治家」。

秘書であった岩野美代治は後年、三木の金集めに関して詳細に記録を残しています。「手段を選ばずに集めようと思えば集められましたか」との問いに「田中さんほどまでは行かなくても、集められたでしょう。……政治資金の改革という形で、自分で手足を縛ってしまったものだから、無理を言えなくなってしまった」（岩野美代治『三木武夫秘書回顧録』吉田書店、二〇一七年、四〇二頁）と答えています。「政治改革」を唱え、いちおう「クリーン三木」だったものだから金集めが大変になったと、ボヤいています。ちなみに、この本は三木の集金先がすべて語られていて、非常に貴重な記録です。

三木は「バスの発車に一番反対しながら、いざ発車すると必ず運転席に座っている男」と言われるだけあって、池田と対立していたのに、池田内閣では、いつの間にか主流派になっています。

福田が池田に抗して、党風刷新連盟を結成し福田派に仕上げていくのに対して、首相の池田としても格好だけでも政治改革らしいことをしなければならないということで、三木を組織調査会の会長にしました。三木は真面目に「三木答申」を提出。この頃から三木は死ぬまで「政党近代化」や「近代政党」を主張し続けます。ただし、掛け声は立派なのですが、三木の考えた近代政党がどういうものなのかが、実は、さっぱりわかりません。意外と、平成の政治改革以後の状態を理想としていたのではないかという節《ふし》もあります。

なんだかんだと言いながら、令和六（二〇二四）年の今は昔に比べれば政治が綺麗になっています。かつてほど集金方法がめちゃくちゃではないし、首相官邸ですべてが決められます。そして「派閥解消」。三木が掲げていたのは、この三点です。最後の派閥だけは、いまだに解消しておりませんが、前二者は三木の理想が実現している姿と言えなくもありません。

それはともかく、池田は「三木答申」を真面目に取り扱いませんでした。池田は本音ではやる気がなかったとか、三木は「池田さんが病気にならねば」と残念がっていたとか諸説あるのですが、「派閥解消」を軸とする「自民党近代化」が実行されなかったのは確かです。別に三木答申の論功行賞でも何でもなく、池田は主流派強化のために三木を幹事長にしています。第二回派閥解消運動は、早い話が猟官運動だったのでした。

政治家の権力欲をルール化できずに失敗

イギリス憲法学（政治学でもある）は、「政治家に権力欲があるのは当たり前である。無理なことを求めてもどうせできない。できないことを強制したら当然守られず、守らなかった者が勝つ。そのような制度は制度として不完全である」とし、できもしないきれいごとを戒め、権力欲を正当化するところから始めています。その昔は権力欲がぶつかり合って殺し合いになっていたわけですが、それを選挙で決めるようにするところから発展していったのです。

人間の欲を否定せずにルールを整備しようと試みる。イギリス人は政治だけでなく、経済もこのように考え、イギリス近代経済学は人々の金儲けへ欲望を全肯定するところから始まっています。

これに対して、福田も三木もきれいごとの掛け声ばかり。「金権政治はよくない」と言いながら、彼らのやっていることは、結局、新たな派閥形成であったり、単なる猟官運動に終わったりしています。絶対なくならない政治家の権力欲をうまくルール化できずに失敗したのです。

一つ例を挙げると、三木は「総裁と幹事長は同じ派閥でないほうがいい」と総幹（総裁・幹事長）分離論を唱え、後に自らの内閣で中曽根康弘を幹事長にしたのですが、それで毎日頭を痛めていたとのこと（久保紘之『田中角栄とその弟子たち――日本権力構造の悲劇』文藝春秋、一九九五年、一三四頁）。三木は何かとイギリス憲政史の例を引用することが多かったのですが、本質を何もわかっていませんでした。

その三　自民党の賞味期限は二十年、国家であることを捨てた日本

自民党結党から約七十年も経ってしまいましたから、ほとんどの人が知らないかもしれませんが、自民党はそもそも時限政党でした。

三木武吉という保守合同の立役者、つまり自民党を作った人が「鳩山・緒方の後は、岸・河野・池田・佐藤で二十年はもつが、その後は知らん」と語っていました。このリスト、早死にした緒方・河野を除いて本当にその順番で総理大臣になっているのがすごい。

自民党結党の目的は自主憲法・自主防衛の確立でした。「憲法改正するには小選挙区制を導入しなければならない。保守が仲間割れをしていたら、社会党と組んだほうが勝つことになり、社会主義者が伸びていく。そんな政治にしてはいけないので保守合同しよう」ということだったのです。

保守合同↓小選挙区制↓自主憲法↓自主防衛。これ、上は下の手段の関係です。

つまり「保守合同」など手段で、最終目的は「自主防衛」のはずでした。それが、いつの間にか自民党の結党自体が目的だったかのような歴史改竄が行われています。そして、三木

武吉が必要以上にまつりあげられている。三木（と言っても武吉の方、ややこしい）は明らかに自主防衛を目的としていましたが。

常に多数党を維持して与党にいられる、自民党が居心地が良いというのはわかります。絶対に選挙に負けないのですから。ドイツでは時々、保守とリベラルの二大勢力が連立を組み大連立と呼ばれるのですが、あれはなぜ解消するんでしょう？　めちゃくちゃ居心地がいいはずなのに。しかし、ドイツの政党は政策で分かれているので、合う組み合わせ、合わない組み合わせというのがあり、政策の合わない党との連合はやりにくいのです。

ところが自民党は、どんなに政策が合わなくても、権力を維持するために政策のほうを合わせていきます。しかも、それを美化して「戦後保守の知恵」などと訳のわからないことを言い出す。

同じ敗戦国で、日本と西ドイツの違いは何なのか。

西ドイツは国家であることをやめなかったけれども、日本は国家であることを捨てたということです。特に、統一前の西ドイツには、革新系の社会民主党ですら「東ドイツをいつか取り返す」という合意がありました。日本には、そんなものはありません。池田内閣ぐらいまではともかく、佐藤内閣では完全になくなりました。

なぜ自衛隊が憲法九条に違反しないか。それは戦力ではないからです。では、戦力とは何か。昭和二十八（一九五三）年、佐藤達夫内閣法制局長官によると「アメリカさんのごやっかいにならずにやれるという段階を想定するのが自然な形ではないか」です（昭和二十八年十二月十一日衆議院外務委員会）。

当時の日本人は米軍が永遠にそのまま日本に駐留するとは思っていませんでした。しかし、佐藤栄作内閣は未来永劫アメリカに守ってもらう形にしてしまったので、それでは自衛隊は永久に戦力にならない。

日本はアメリカに守ってもらい、経済的繁栄を謳歌《おうか》でき、自民党は未来永劫与党でいられる。こんないいことはないじゃないか。問題は独立国に戻れないだけ。つまり、自民党は国であることを放棄することによって万年与党のメリットを享受してきたのです。

悪夢の昭和四十九年参議院選挙――自民党の賞味期限が切れる

戦後の自民党の存在意義は、餓死と戦死をさせないことにありました。それで、高度経済成長と日米安保体制となります。経済的に豊かになり、戦争はありませんでした。しかし、目標であったはずの自主防衛は太陽系の彼方へ。

よく言われる「吉田ドクトリン」は、宮澤喜一の言い始めた嘘です。吉田茂が、安全保障をアメリカに担ってもらい、日本は経済発展を優先する軽武装・経済重視の国家方針を打ち出したというのは歴史改竄です。吉田が自主防衛を拒否したように語られますが、吉田や、それに続く池田までの政権担当者の真意は「今はカネがない」です。その後の解釈では「今は」が抜けている。

「防衛費をGNP一%以内に抑えたから高度成長ができた」などという説がまことしやかに語られましたが、ドイツ人が聞いたら失神しそうな話です。シンガポールでもそんな枠など守らずに経済成長しています。国であることを捨てて生きてきた自民党が、今ごろ申し訳程度に憲法改正を言い出しても、寝言にしか聞こえません。

「飯を食わせる」と「戦死させない」つまり高度経済成長と日米安保体制を推し進めた、吉田・岸・池田・佐藤が保守本流と言われます。対して、鳩山・河野・三木は保守傍流。三人とも「本流」の枠から外れているものの、保守政治家ではあります。どちらも右っぽいことも左っぽいことも言うけれども、基本は定見がないのが自民党の政治家たちです。

それでも佐藤内閣までは高度成長が続いていたので許されてきました。それが佐藤内閣の末期、二つのニクソンショックで崩れます。昭和四十六（一九七一）年七月、ニクソン米大統領が訪中（第一次ショック）、同年八月には金・ドル交換停止（第二次ショック）となり一ドル＝三六〇円の固定相場制から変動相場制へ移行。円高が進みます。

次の田中内閣で高度成長は完全破綻します。日中友好と狂乱物価で日米安保体制と高度経済成長がいい加減になったら、残るは金権政治だけ。

自民党は結党時から「二十年もてば充分」とされた時限政党で、こんなものを長く続けていたら日本がおかしくなるという代物でした。だから自民党結党時に三木・松村らは「保守政党が二つ必要である」と反対していたのです。ちなみに池田勇人はきれいごとばかりの三木武夫を嫌い、三木も池田勇人のような吉田の手下の官僚なんかと一緒に政治ができるかと、両者とも互いに反対していたのですが、いざ自民党ができると池田と三木が手を組みました。これが自民党です。物事を真面目に考えてはいけない。

国であることさえ捨てれば幸せだった時代。日本はプライドを捨てて生きてきました。

そして結党二十年。田中角栄内閣において「日米安保体制のもとで高度経済成長をする輝かしい日本」が崩れていきます。

昭和四十七（一九七二）年末の衆議院選挙（日中解散）では、「日中国交正常化」という実績をてこに「角栄人気」の追い風を受けて行われた割に自民党はすでに議席を減らしています。この時は、いつも仲が悪い社会党と公明党と共産党が田中内閣批判で歩調を合わせるという離れ業をやってのけました。

その二年後、昭和四十九（一九七四）年七月の参議院選挙が空前の金権選挙となったことは象徴的です。狂乱物価と言われるほど物価上昇が社会問題となり田中内閣への批判が高まっていました。田中角栄は巨額の選挙資金を使いましたが、それでも野党に票が流れ、参議院単独過半数維持に一票足りませんでした（自民党一二六、野党一二六：社会党六二、公明党二四、共産党二〇、民社党一〇、無所属一〇）。

さらに、金権腐敗政治を追及され、同年末には田中内閣が退陣に追い込まれます（金脈政変）。政治と金が本格的に問題になった最初であり、「政治改革」が唱えられるようになります。簡単な話、高度経済成長で国民が飯を食えている時は政治家の汚職など問題にされませんが、石油ショックで不況が訪れると許されなくなったのです。

ちなみに、一九七四年には特筆しておくべき出来事があります。「日本共産党と創価学会との合意についての協定（創共協定）」が結ばれました。支持層の重なる共産党と創価学会は激しい非難合戦を行ってきたのですが、この時、作家の松本清張が創価学会会長・池田大作と日本共産党委員長・宮本顕治を握手させ、昭和の薩長同盟と称しました。

田中角栄の企業ぐるみ選挙

田中角栄のえげつない選挙のやり方の一例を挙げましょう。自らの関連会社である越後交通の支社を選挙区中に置き、社員を選挙運動に駆り出します。この手法で、自民党政権で利益を得たい企業には金と票と労働力を差し出させるのです。平日の昼間、会社で働かず自民党の選挙活動をするのですが、企業が給料を払ってくれる。だから「企業ぐるみ選挙」と批判されました。

それでも自民党が負けたのが、この時の選挙（昭和四十九年参院選）でした。これに三木が付け込むように、政党近代化を旗印にして、反主流派に転じます。

首相の田中と副総理だった三木の対立が表面化したのが、参議院徳島県選挙区の党公認をめぐる争いです。党執行部は後藤田正晴を公認し、三木派の現職・久次米健太郎は無所属で出馬しました（三角代理戦争、阿波戦争）。三木派にしても金権選挙と無縁ではないのですが。後藤田は「三木さんの本当の姿まで耳にしております」「立派な主張をなさってますね……（中略）……私は別の面も知っているものだから評価は厳しくなるね」です（御厨貴監修『情と理 カミソリ後藤田回顧録（上）』講談社＋α文庫、二〇〇六年、三九六、三九八頁）。

結果は久次米が後藤田を下し、直後に三木は副総理の辞表を叩きつけます。そして、党近代化を掲げ、反主流派として行動することになります。この時、三木は政党近代化をナントカの一つ覚えのように唱えます。政治改革が必要なのは誰もが認めるところなので説得力を持ちます。

この年の秋ごろから金権政治について騒がれ始めます。テレビと新聞は角栄が抑えていましたが、雑誌にまでは手が回らず『文藝春秋』に刺されました（昭和四十九〈一九七四〉年十一月号、十月九日発売 立花隆「田中角栄研究～その金脈と人脈」）。『文藝春秋』は翌月も追撃しようと思いましたが、圧力がかかり取りやめになったそうです（立花隆『田中角栄研究 全記録（上）』講談社文庫、一九八二年、二三〇頁）。

日頃から角栄と癒着している日本のマスコミには本気の追及ができず、「金脈政変」に実質的に火をつけたのは外国人記者クラブでした。

日本では取材というと、多くの記者が政治家およびその家族と仲良くなることと勘違いしています。家に上げてもらって奥さんに手料理をふるまってもらった話などを自慢気に語り、政治記者が政治家と癒着することを取材というのですから、この国はどうなっているのでしょうか。それ、ジャーナリストの仕事でしょうか。プーチンや習近平が聞いたら、うらやましがりそうです。「そうやればいいのか」と参考にしようとするか、「それでいいのか」とあきれるか。

政治学者の升味準之輔先生によると、田中型政治と三木型政治とのカテゴリー分けがあります。田中角栄は金をバラまいて組織を作り、確実に票を持ってくる。三木武夫はマスコミを使ってそれを全部ひっくり返そうとする。

三木の批判は正しいのですが、「金権政治打破」や「派閥解消」など敵の批判しかしません。では、何がしたいのかという前向きの提案がない。後の小沢一郎は三木を反面教師にして、具体的な改革案を提示しました。いろいろ唱えるけれども何をやりたいのかさっぱりわからない三木の劣化コピーとも言えるのが石破茂でしょうか。

しかも、三木はさんざん派閥政治・密室政治を批判してきたくせに、これ以上ないほどの派閥政治・密室政治の極みである「椎名裁定」（一九七四年）で首相に就任します。

総裁選を行えば、また金権選挙となり国民の批判が高まるだろうし、話し合いでまとめるのも難しいということで、自民党副総裁の椎名悦三郎が裁定役となって少数派閥の領袖にすぎない三木が総裁に選出されました。

三木にも言い分があって、そもそも総裁選そのものを嫌っていました。石橋が勝った総裁選の時から、しょせん五〇〇人の小人数で決めること自体に反対でした（竹内桂『三木武夫と戦後政治』吉田書店、二〇二三年、二四九頁）。事実、戦前は政友会も民政党も一度も総裁選を行っていませんし。三木は、それを良しとしていたのです。

他派閥としては、政権を失いたくなくてマスコミに人気のありそうな三木を首相にすることに同意したのですが、少数派閥とはいえ操り人形になりきらない三木に党を乗っとられそうになり、三木おろしへとつながっていきます。

なお、三木は公職選挙法改正案や政治資金規正法改正案などとともに独占禁止法改正にも熱心に取り組み始め、「あいつは本当に資本主義者なのか。社会主義者ではないのか」と財界の不興を買いました。これは、「保守政党内左翼」の立ち位置で売ってきた三木がやったから、不必要に警戒された面もあります。

しかし、三木は社会主義者どころか、政策の中身がわかっていなかったのではないかと疑問に思えます。あらゆる学派の偉い人の話を、よく言えばバランスよく、はっきり言えば手当たり次第に聞いていて、多様すぎて誰を信じていたのかさっぱりわかりません。

三木はマスコミ受けを狙っているだけで、本当のところは理解していない、あるいはアピール力がない。「政策はあくまで政局の手段」の人です。

こうした三木が政権の主要課題として政治課題に取り組み、第四派閥で力がなかったこともあってその政治改革が歪《ゆが》んでいったのが、現代の政治改革の原点です。

現在の政治腐敗のもとはクリーン三木の政治改革

そんな三木の政治改革が成功するはずがなく、派閥解消はまったく進みません。自分の派閥を解消しても、他の派閥が残ったらまったく意味がないのでできないわけです。それどころか、組閣の段階で派閥に苦しめられます。子分の三木派からも突き上げられて、組閣が思うようにいかない始末です。

内閣の番頭役の官房長官すら、すんなり決められませんでした。最初は子飼いの海部俊樹の予定でしたが、長年尽くしてくれた側近の井出一太郎《いでいちたろう》に頼まれて、泣く泣く海部を副長官にし、副長官予定者の西岡武夫は弾き飛ばされてしまいます。その恨みか知りませんが、西岡は新自由クラブを作って自民党を出ていきましたが、官房副長官にしていれば脱党はありえなかったでしょう。

三木が掲げた政治改革は、公職選挙法と政治資金規正法です。

公職選挙法の改正も中途半端に終わります。「企業ぐるみ選挙」を禁止するとどうなるか。令和四（二〇二二）年七月に起こった安倍晋三銃撃事件の犯人が宗教二世であったことから、以後、にわかに政党と新興宗教の問題がクローズアップされるようになりましたが、平日の昼間にボランティアで手伝ってくれる人など、なかなかいません。新興宗教ぐらいのものです。「善意のボランティアによる政治」を理想としたのかもしれませんが、世の中の人はそんなに暇ではないということが三木にはわからない。この人、三十歳まで学生で、いきなり代議士当選ですから、世間の人情が意外とわからない。

昨今「統一教会が」と騒がれていますが、遡ればクリーン三木の「政治改革」に行きつくのです。政治と新興宗教の関係を批判するなら、まず三木を批判すべきでしょう。原理を無視したきれいごとを押し付けても状況は改善するどころか歪むばかりです。

イギリスもボランティアを使っていますが、国民性が違いすぎる上、政治家の採用のあり方が異なります。イギリスの場合は高校・大学生の頃から政党活動を行い、彼らが議員に育っていくという文化があります。

自民党の学生部で自民党議員になった人が何人いるでしょうか。民主党議員になった人は知っていますが。なぜなら自民党は世襲議員で選挙区が埋まっているから公認が取れず、他党から出るしかないからです。

イギリスでは党組織が人材の供給源となっています。ウィリアム・ヘイグ（保守党）は十六歳にして保守党大会で名演説を行い、当時の党首マーガレット・サッチャーに「この子はウィリアム・ピットの再来だ」と評価されました。ピットの時代に録音機はありませんから「聞いたことないだろ！」とツッコミを入れたくなりますが、それはさておき。そのぐらい若い頃から弁舌に長《た》けていたのです。ちなみにヘイグにはピットについての著作がありまず。イギリスには、こういった期待の持てるインテリの青年を発掘して登用するシステムがあるのです。

政治資金規正法を作ったら、パーティーが大流行《おおはや》りになりました。これは三木自身の狙い通りです。企業に金の無心をするのではなく、政治資金集めパーティーを開催し、アメリカのように国民が小口献金すればいい。つまり、現在の政治資金の集金方法です。今問題となっている「政治腐敗」は三木が作ったとも言えます。

パーティーが政治とカネの温床だ！　と批判する人が多々いますが、その制度はクリーン三木が作ったのをご存じなのでしょうか。しかも三木が言い出した時、世論（つまりマスコミ）はおおむね正論だと認めていたのですが。

さらに言うと、「官邸主導」も三木が推し進めました。当時は三木が行っただけでしたが、後の橋本行革で三木流の官邸主導が、制度的に確立しています。それがよかったかどうかは別の話ですが。また、三木が批判していたはずの吉田側近政治を制度化したような形にも見えます。

「官邸主導政治」の原点は三木内閣

三木流の官邸主導政治について少しお話ししておきましょう。

三木はシンクタンクとなるブレーン集団を揃《そろ》えていました。総理になったら行うべきことの計画を立てていて、閣議の初日に、作成資料を二時間半も読み上げました。あわてた官僚が海部官房副長官のところに「お願いですからあらかじめ我々にそれを見せてください」と殺到し、大混乱になりました。三木の政権担当能力の欠如を示すエピソードとして語られますが、平成の橋本行革でこれを制度化し、現在の官邸主導政治は、このように進められています。

結果、議会どころか与党が翼賛機関と化しています。

わかりやすく安倍内閣で説明すると、基本的には安倍晋三首相が首相官邸のスタッフと相談して物事を決める。菅義偉《すがよしひで》官房長官を中心とする政治家の側近のほか、官僚は警察と経産省出身者が中心。そこに官庁は要望を出すけど、本当に意向を通せるのは内閣法制局くらい。財務省は常に対立状態にありましたが、二度の消費増税は呑《の》ませています。政治家でモノが言えるのは、第二派閥領袖の麻生太郎財務大臣と第五派閥（第四派閥の岸田派と一人も違わない）の二階俊博幹事長くらい。ここに名前が挙がらなかった政治家や官庁は、決定を押し付けられるだけ。

三木はトップダウンでやろうとして見事に失敗しましたが、記憶に新しい「一強」と言われた安倍首相の手法の原点は、三木にたどりつきます。

三木以前は自民党・財界・官僚の談合で決めていました。それを全部首相官邸でやろうとしたのが三木でした。最弱総理が最強総理のシステムを作り、自民党を翼賛機関にする端緒となりました。三木の時代は「第四派閥の首相が何を言っているんだ」で終わるのですが、現在の岸田首相は同じく第四派閥でも官邸で物事が決められる制度となっています。

三木内閣当時の三大派閥はパワフルだったけれども、今の三大派閥にその力はない。あるいは、派閥の性質そのものが違ってきています。

三木は、五十年前に現代官邸政治の先駆けとなるシステムを考え出していたのです。現在、政策は首相官邸で決められ国民は不在、自民党が翼賛機関でいいのかという問題もありますので、手放しで褒《ほ》められた話ではありません。

自民党の若手議員が「減税をしてほしい」と一〇〇名分の議員署名を持参しても、〝首相秘書官のパシリの官房副長官〟が受け取って終わり。それでいいのでしょうか。

問題はどこにも議会政治がないことです。三木は「議会の子」と名乗っていたような気がしますが。三木の理想が実現して今があると考えると、三木の掲げた理想自体が間違っていたのではないかと思えてきます。

そんな三木内閣のドタバタについてより詳しくは、小著『政争家・三木武夫 田中角栄を殺した男』（講談社＋α文庫、二〇一六年）をお読みください。

中選挙区制が人類最悪の制度だとわかる昭和五十一年衆議院選挙

昭和五十一（一九七六）年七月、田中元首相が、アメリカのロッキード社の旅客機の受注をめぐって賄賂を受け取ったとして逮捕されます。世にいうロッキード事件です。そして、同年十二月に任期満了により衆議院議員選挙が行われるのですが、これが自民党の派閥と中選挙区制の悪い点だけが露出した選挙でした。

現在、資金疑惑に関して安倍派の議員が問題になっていますが、岸田首相が彼らを厳しく追及しないのは、田中角栄を逮捕させた三木があまりにも酷いという歴史観がいまだに自民党内に残っているからです。

検察は、最終的には三木は田中角栄をかばうだろうと当初は信じていたようです。昭和四十九（一九七四）年十二月から昭和五十一（一九七六）年にかけては三木と角栄の短い蜜月期間で、この時期、三木は「金脈政変」の追撃を行っていません。三木の首相就任には、「福田でなければ三木でいい」との角栄の支援があったようで、三木はその礼として角栄への追撃の手を緩めたのでした。

そんな三木ですから、「クリーン三木」などと自称しながらも結局のところ最後には同じ自民党政治家の角栄を守るのではないかと検察はロッキード事件を諦めていたところ、首相官邸から田中逮捕を促す「逆指揮権」が発動され、ようやく検察が動きました。

三木自身が言うほどクリーンだったかというとそうでもなく、首相になったとたんに三木派の収支報告漏れの話が出ています。首相就任直後に、三木が四つの架空団体を保持して収支報告をしていない、と糾弾されています（前掲『三木武夫と戦後政治』五六七〜五六八頁）。

世間の評判とは異なり、自民党内では三木がクリーンでもなんでもないことは知られていました。単に金集めが上手《うま》いだけです。額を多く集めるという意味ではなく、警察・検察に刺されないような集め方をしているという意味で。

それで、自民党の他派閥は、三木に我慢ならない。「ええかっこしいするな」との反感が燎原《りょうげん》の火の如く広がります。そして田中逮捕によって、「これでもうロッキード隠しと言わせない」というすごい大義名分で「三木おろし」を始めるのです。

世論はロッキード事件の解明を推し進める「クリーン三木」を支持していました。もちろん野党も事件解明を求めていますから三木側です。しかし、自民党の三分の二が三木をおろしたい。これに対して三木は「野党と組んで自民党政権をぶっ壊すぞ」と脅迫し、勢力関係が膠着《こうちゃく》状態に陥ります。自民党多数派が三木おろしをできないまま任期満了選挙に突入しました。

問題は中選挙区制です。定数三の選挙区で三木派、田中派、野党の候補がいた場合、誰に投票したら有権者は政治改革ができるでしょうか。中選挙区制では落としたい人がなかなか落とせないのです。世間の人がいかに怒ろうとも、固定票でなんとか突破してしまう。浮動票は逃げるので田中派の票は減りますが、下位当選してしまうのです。この時、田中派若手の橋本龍太郎や小沢一郎など主だった面々はみな当選しています。ただ、逮捕された田中角栄が出所の際に出迎えに行った梶山静六は、それをネガティブ・キャンペーンに使われて落選しています。

自民党は三木派と反三木派で分裂選挙。有権者は誰に投票したらどうなるのかわからないまま、総選挙に突入。三木は安定過半数と言われる二七一議席を獲得できなかったら辞めると宣言していて、二四九議席しか取れなかったので退きます。前回より定数を二〇議席も増やしての結果です。

（参考）

第三四回衆議院議員総選挙　昭和五十一（一九七六）年十二月五日

自由民主党　二四九

日本社会党　一二三

公明党	五五
民社党	二九
日本共産党	一七
新自由クラブ	一七
諸派	〇
無所属	二一

自民党の議席減は一六議席、新党の新自由クラブがその分を食いました。新自由クラブは河野洋平を代表とした、自民党の改革派の若手が結成した新党です。国民は清新なイメージを掲げる若手主体の党に期待したのでした。新党ブームのハシリです。しかし、しょせんは少数政党です。ちなみに新自由クラブはこれが最盛期で、次の総選挙で四議席に落ち込みます。

こんな状況ですから、野党第一党の社会党は一一議席も議席を増やしたけれども、ぜんぜん勝った気がしない。そもそも過半数の候補者を立てていないので、最初から本当に勝つ気があったとも言えませんが。だから、自民党に不満な層の受け皿がなく、仕方なく一部の票が新党に流れました。

仮に自民党が二七一議席を得たとしても、党内の過半数が三木反対派となるのだから、いずれにしても三木がおろされるのは時間の問題だったでしょう。あるいは自民党分裂か。三木には「野党と組んで自民党をぶっ潰すぞ」という脅ししかできません。「世論の支持を受けた自分をおろすのか」と反主流派を抑え込もうとしましたが、最終的には数の力がモノを言います。選挙で三木派が増える、あるいは反対派が減るのならともかく、中選挙区制のため有権者にはどうしようもなく、望ましくない候補者をみすみす当選させてしまう結果となってしまいました。民意が反映されないしくみです。

昭和四十九（一九七四）年参議院選挙と昭和五十一（一九七六）年衆議院選挙を契機に、無党派が真の最大多数派になっていきます。過半数の日本人が政治そのものに絶望したということです。

中選挙区制は自民党一強体制を永続化する選挙制度

小選挙区制が実現するのは平成の細川内閣ですが、古くは鳩山一郎内閣でも小選挙区制を目指していました。当時は世論が「憲法改正する気か」と反発して、またたく間に潰れてしまいました。また、田中角栄も小選挙区比例代表並立制を導入しようとして、三十分で北海道から沖縄まで選挙区割を手書きで書いたという話があります。絶対に自民党が勝てるような選挙区割で「カクマンダー」と批判されました。

当時、小選挙区制を衆議院で導入したところで憲法改正はできなかったと思いますが、昭和五十一年総選挙のようなことにはならなかったでしょう。さすがの三木も、どうやったら反対候補を落とせるのかわからない。小泉純一郎首相時代の平成十七（二〇〇五）年の郵政選挙と比べてください。

人口が少ない田舎の選挙区は、定数三となります。定数が三だと、自民二〜三・野党〇〜一となり、野党から当選するのは、たいてい社会党です。しかも、社会党の存在が他の野党の進出を阻害しています。五五年体制の最初は、自民党が地方政党なのに対し社会党は都市政党でしたが、いつの間にか地方で一議席を確保するのが基本の地方政党となりました。

旧群馬三区は総理大臣を三人も輩出したので有名な選挙区です。福田赳夫が圧倒的に強くて、中曽根康弘としのぎを削る。その合間に小渕恵三がしぶとく生き残る。自民党の三人が激しく争う中、社会党は一人しか立てません。トップさえ狙わなければ当選確実な山口鶴男さんの最大の選挙活動は「二人目の候補者を出さない」です。

定数五なら自民党が二〜四で社・公・共・民が一議席ずつ割り込むという状況でしょうか。自民党一強体制を永続化する選挙制度です。

こんな中選挙区制では民主主義が成立しません。

昭和五十一（一九七六）年総選挙に至っては、有権者が誰に投票したら、どうなるかがさっぱりわからない。今でも、誰に投票したらどうなるとの個人での予測は難しいですが、昭和五十一年選挙のようなケースは制度的欠陥の表れです。

ちなみに、ここで言う中選挙区制とは、一票しか投票できない制度（単記制）です。定数五人なら五人に投票できる（連記制）なら、また話は変わってきます。

一度、連記制で選挙が行われたことがあるのですが、それ以後、なぜか行われていません。鳩山一郎（自由党）と徳田球一（共産党）を書いた人がいたそうです。投票したこの人、思想がなかったのでしょうか。しかし、それでも「この党を勝たせたい」と五名書ける投票用紙に同じ党の人の名前を選ぶことができます。逆に、五人中四人はこの党にしたいけど、一人は選びたくないと人物本位の選択もできます。

「票割り」が幹事長の腕の見せどころでよいのか

あるいは「委譲式」というやり方もあります。

たとえば定数三の選挙区に、○○党から二人立候補していた場合、中選挙区制では一人の候補者にしか投票できないのが非委譲式です。仮に自民党支持者がAさんとBさんを受からせたいと思っても、Aさんに入れたらBさんには入れられない。Aさんにだけ票が集中してBさんが落選、あるいは候補者乱立で共倒れということもよくあります。そこで幹事長の腕の見せどころが「票割り」です。「お前はAさんに入れろ、お前はBさんに入れろ」と団体ごとに指示を出す。民主主義と何の関係もありません。これは非委譲式だからです。

それに対して委譲式だと、同じ党のAさんが当選となれば、その票はBさんに回ります。「票割りをもっとうまくやっていれば！」がない制度です。

小選挙区比例代表制が憎いあまりに、「中選挙区制に戻せ論」を唱える人がいますが、なぜ「連記」や「委譲式」ではなく、弊害しかなかった「単記非委譲式」に戻さねばならないのか。

算数ができないのでしょう。

それ、言いすぎでしょうか？

証明します。中選挙区制こと大選挙区単記非委譲式の究極形態は、定数二です。この制度では民主主義が成立しません。計算してください。三四％の得票率だと、六六％の勢力と同じ発言権を持てます。なぜなら、「どんな割り方をしても、六六を三四より大きい二つの数には分けられないから」です。

中選挙区制時代、定数二の選挙区がありましたが、自民党と野党が一議席ずつ分け合うか、もともと自民党が定数三を独占するようなド田舎の人口が減るにつれて定数二になったのでやっぱり自民独占、のどっちかです。

わたし、滅多に「絶対」は言わないのですが、中選挙区制に戻せ論には絶対に反対です。

その四　田中角栄よりも最悪の闇将軍が政治を劣化させた

三木内閣退陣後、三木の影響力は低下します。三木の後継総理は権力の使い方がこれ以上ないほどにド下手《へた》な福田赳夫。田中角栄は総理総裁の決定権を握るキングメーカーとして事実上の復権を果たしていきます。

大派閥を率いる福田赳夫にしても、田中角栄が首を縦に振らなければ総理大臣になれなかったでしょうし、大平・鈴木・中曽根に至っては全面的に田中角栄の支援を得て総理総裁に選ばれています。田中派がどこか一つ他派閥と組んだら自民党の過半数という時代になりました。

田中角栄はロッキード事件で逮捕・収監され、本人は自民党を離党しましたが、「田中派」はなくならず、当時は「自民党議員ですらない無所属議員が、刑事被告人なのに政界を牛耳っている」と批判されました。しかし田中は馬耳東風。「闇将軍」と叩かれても、自分の存在感を日本中に知らしめていると、ご満悦な有様。

三木が総理総裁の辞め際に、「こういう政治改革をやれ」と後任首相の福田赳夫に置き土産のように残した提案に従い、総裁予備選を導入します。当時五〇〇万人と言われた自民党員に総裁の投票権を持たせようとしたのです。まず党員全員による予備選を行って、上位二人が国会議員による決選投票を行う。三木の考えは「まさか五〇〇万党員の選挙にすれば、国民全員を買収するに等しい真似はできないだろう」と甘く考えていました。この「国民全員を買収できまい」は大正デモクラシー期の吉野作造なんかも考えるのですが、金権政治家を舐《な》めすぎです。

復権を企《たくら》む田中は大平正芳を担ぎ、全国にローラー作戦を展開します。その司令塔は、元警察庁長官の後藤田正晴と、竹下登。党費を政治家が代わりに払って投票権を確保する「建て替え党員」が多発します。この時、「竹下は猫まで党員にした」と批判されましたが、「高橋タマさんという人がいたので勘違いしたのでしょう」と平然。福田は現職総理のくせに、大差で大平（というより田中）に敗れます。角福戦争と言われますが、福田が田中に勝ったことは、一回もありません。

一事が万事、この調子です。

マスコミは「田中派支配」と十年近く叩き続けましたが、「田中派支配」とは何だったのでしょうか。公式には何の役職にも就かない無所属議員である田中角栄が、どうしてそんな権力をふるうことができたのでしょうか。

田中本人がそのしくみを「総合病院」と呼んでいます。田中派は、ある種、組織政党に見立てることができます。統制力がある領袖、直属のスタッフ、あらゆる陳情をこなせる族議員がいますから、業界団体を組織化して官僚に要望を通すことができるのです。何よりも官僚や業界の頼み事を調整できる田中角栄本人の実力がありました。

田中角栄に命令されて衆議院を解散した中曽根康弘

田中角栄は「政治は力、力は数、数は金」「八分の一理論」など、権力を握る方法を熟知していて、実行しました。

「八分の一理論」とは、国会の過半数が自民党である、自民党の過半数を得れば総裁選で勝てる、自民党の過半数を得るためにはさらにその二分の一を占めればよい、つまり全国会議員の八分の一の人数の派閥を維持していれば国会を支配できるという理論です。もっとも厳密には、数だけで言い切ることはできません。八分の一を超えた派閥は田中派以外にもあります。

その昔、池田・佐藤内閣の頃に自民党副総裁として権力を握っていた川島正次郎の派閥は、少数精鋭でした。川島は立ち回りが上手く常に主流派にいる人だったので、派閥の入会希望者は後を絶たなかったのですが、総数を二〇人程度に抑えていました。そのぐらいのほうが無理な金集めをしなくていいし、統制が利くとの判断です。

しかし、田中派は膨れに膨れて、多い時で約一四〇人を数えました。田中は刑事被告人でしたから、数の力に頼りたかったのでしょう。政・官・財界を支配すれば裁判で無罪を勝ち取れるという何の根拠もない、しかも司法権の独立を無視した妄想に基づいた行動でしたが。それでも、田中派に集まる議員も角栄の妄想に付き合いながら、予算配分など最大派閥の一員であることの利益を享受しました。

そして福田赳夫に続く、大平正芳、鈴木善幸《ぜんこう》、中曽根康弘は田中角栄の完全な操り人形という目を覆う惨状です。

昭和五十八（一九八三）年十月に田中角栄がロッキード事件で有罪判決を受けてすぐ、年末の衆議院解散は象徴的でした。田中角栄と首相の中曽根康弘の二人だけでホテルに入り、出てきたら衆議院解散が決まっていた。中曽根は田中に議員辞職を迫りに行ったはずなのに……。密室の中でどんなやり取りがあったのでしょうか。きっと中曽根は弱みを握られていて脅されたのでしょう。そんなことは当時の人にしても充分に想像できることでした。

要するに中曽根は、角栄に命令されて衆議院を解散したのです。自民党は過半数割れの大敗をしますが、田中本人はトップ当選し「禊《みそぎ》はすんだ」と涼しい顔で闇将軍として君臨し続けます。「密室政治」であっても、密室に入る前と出た後の行動は衆人監視のもとで行われているわけです。それでも批判できない。批判しても何も変わらない。

ここまで読んでゲンナリしてきた読者も多いと思いますが、こんな昭和五十八年に比べれば現在はまだ希望があります。中選挙区制はもはやなく、本当に落としたい人は落とせますから。

絶望するしかない老害たちの怨念政治

大平内閣時代にニューリーダーと言われ始めたのが竹下登・金丸信・安倍晋太郎・宮澤喜一・渡辺美智雄です。この頃の政治改革は彼ら若手による「世代交代」との掛け声だけ。しかも「世代交代」を叫んでいる最中の昭和五十五（一九八〇）年、衆議院解散総選挙期間中に現職の大平首相が亡くなってしまい、同情票が集まって、自民党が大勝。皮肉なことに、旧老害政治が続くこととなりました。

この頃、ハマコー先生は「三木武夫先生、福田赳夫先生、田中角栄先生の三人は同時に死んで怨念政治を終わらしてくれ」とか平気で言っていました（浜田幸一『弾丸なき抗争　権謀術数に生きる男の戦い』ベストセラーズ、一九八三年、六一頁）。しかも、それを田中角栄本人の前で言ったけれども角栄は笑って「たった今、浜田君に死んでくれと言われた田中でございます」と挨拶したとか。「これはたまげた。度量が大きいな。あっはっは」とハマコーさん、どっかの本に書いていましたが、映像に残っている角さんを見るとめちゃくちゃムッとしています。

我が物顔で、「党利党略」「派利派略」ですらない「個利個略」を押し通す田中政治に問題意識を抱えた人は多々いましたが、実際に行動に移した実力者は二人だけでした。鈴木善幸と金丸信です。この二人が良識派になるのだから、今の日本政治がマトモに見えてきます。

ゼンコー氏は所信表明演説で原稿を二枚読み飛ばして、気付かない。「鈴木ゲンコー」とか「暗愚の宰相」とか、マスコミからバカ呼ばわりされていました。後任の中曽根はそんなゼンコーを露骨にバカにした態度だったので、復讐を企みます。

狙いは、昭和五十九（一九八四）年十一月の自民党総裁選です。ゼンコー氏は、田中派分断と全派閥横断どころか野党にまで手を突っ込んだクーデタを仕掛けます。田中派番頭で「私の趣味は田中角栄」と公言する二階堂進を担ごうとしたので、「二階堂擁立劇」と言います。これに中曽根は手も足も出ず、総務会長だった田中派の金丸信に鎮圧を一任する有様でした。

そんな金丸は田中へのクーデタを企んでいました。田中を筆頭とする長老の怨念政治を終わらせようとしたのです。

吉田茂はサンフランシスコ条約、鳩山一郎の日ソ共同宣言、岸信介の新安保条約、池田勇人の高度経済成長、佐藤栄作の沖縄小笠原返還と、歴代内閣は歴史に残る偉業を成し遂げています。その後で、匹敵するのは田中角栄の日中共同宣言でしょうか。これは批判も多いので偉業とは言い難いですが。

田中以降の歴代内閣を、中堅代議士の竹下登が「歌手一年、総理二年の使い捨て」と茶化していました。三角大福と言われる派閥の領袖が、田中角栄・三木武夫・福田赳夫・大平正芳と全員が総理の座に就きますが、誰も何も成し遂げられない。その未達成感が「もう一度、総理に返り咲いて」の怨念政治を産み、派閥を後継者に渡しません。

金丸は、こうした派閥政治に対して、世代交代を挑もうとしていたのでした。もっともその手法は、「竹下登を担いで、自分が最大派閥の親分となる」で、派閥政治の弊害をなくす気も近代政党を作る気もサラサラありませんでしたが。

田中政治を終わらせて自分たちの時代を作るには、自分が派閥を作るしかない。金丸竹下の目論見《もくろみ》は明快でした。

自民党の派閥とは、領袖を総理・総裁にするためにあります。最大派閥でありながら総裁候補を擁立できず、他派閥の領袖を担いでばかりの田中派内には、不満がくすぶっていました。

二階堂擁立劇は、角栄が自派の統制もとれないことが浮き彫りになった事件でした。角栄支配に陰りが見え、もういい加減に竹下に代われとの声が広がりはじめます。

昭和六十（一九八五）年二月、竹下登が「創政会」を結成します。竹下のクーデタに田中は脳卒中を起こし、政治生命を失いました。

三角大福中の怨念政治の頃に、ニューリーダー竹下・安倍・宮澤が安竹宮《あんちくぐう》と言われていました。渡辺美智雄は中曽根がなかなか派閥を譲ろうとしない。安竹宮たちがニューリーダーゴルフをする時にも中曽根が来るのです。

それを見たハマコーが吠《ほ》える。

「ミッチーに譲ってやれよ」

ハマコーさん、死ぬまで中曽根さんを嫌っていました。『日本を救う9人の政治家とバカ1人』（双葉社、二〇〇一年）という本を出した時、「このバカってのは俺のことだからな。中曽根の事じゃないぞ」と聞かれもしないのに答えていました。

角栄を超える闇将軍・竹下登

「自分たちの時代になったら、あんなことはやめよう」とよく言われますが、そう言うヤツに限って自分がその立場になったらもっと酷いことをする。その筆頭が竹下登です。安竹宮で「あんな派閥抗争はやめよう」と言っていたにもかかわらず、イザ世代交代したら竹下登がもっと酷い闇将軍になりました。しかも竹下にはこれといって進めたい政策がないので、誰も拒否権を行使できない。

少しだけ話を先取りしますが、平成七（一九九五）年、橋本龍太郎首相の背後で隠然たる権力を行使する竹下に反発して「竹下さんがうんと言えばそれで決まり、という自民党の悪習はもう終わりにしたい」と啖呵《たんか》を切ったのが自民党政調会長の加藤紘一です。不在時に竹下から電話があったことを知っても、かけ直そうとしないという徹底ぶりでした。

そんな竹下政治を終わらす覚悟でいた加藤ですが、ある日ばったり竹下と国会の廊下で出くわし「二、三年後にはあなたたちが世界に説明することになる」。

わかると怖い竹下語録。今じゃない（以上の事実関係は、清水真人『財務省と政治』中公新書、二〇一五年、五三〜五五頁)。

これまでもお話ししてきたように自民党は結党まもなくの八個師団時代から問題を抱えていましたが、その弊害は高度経済成長による生活の向上によって国民の不満にはつながりませんでした。しかし、田中角栄が高度成長を潰し、内閣退陣後も隠然たる影響力を持ち続けます。自民党結党から約三十年、賞味期限はとっくに切れていたのに、一九八〇年代、田中は闇将軍となって自民党の残骸を引きずっていきました。

田中が亡くなったら終わるかと思いきや、竹下登が同じことを続けます。竹下登のことを田中角栄の小型版と勘違いする人がいますが、権力基盤を固めるために必要なことを制度化・固定化し、今に至るまでのシステムを作り上げたのが竹下登です。竹下が首相を務めたのは一九八〇年代の後半ですが、九〇年代も田中以上の闇将軍となって政界に君臨します。

この時点で国民はもう限界に来ています。

昭和六十三(一九八八)年、不動産会社リクルートコスモスの未公開株を賄賂として受け取ったとして政治家や官僚が逮捕されました。リクルート事件です。竹下首相ほか大物政治家の多くが株を譲渡されたとされ、内閣支持率は急落します。宮澤喜一副総理兼大蔵大臣は辞任。そのような状況で竹下首相は自ら蔵相を兼務し、税制改革関連法案を強行採決し消費税を導入します。

リクルート事件は、竹下首相・安倍幹事長・宮澤蔵相・中曽根前首相に中曽根派の渡辺美智雄政調会長と、四大派閥の領袖にニューリーダーが総汚染。竹下は政権を投げ出しますが、この中の誰も後継総裁になれません。そこで、宮澤派の伊東正義総務会長に白羽の矢が立ちます。伊東は大平正芳の盟友ながら田中角栄の金権体質を嫌い、清廉の士と目されました。竹下から打診された伊東は、「竹下・安倍・宮澤・中曽根・渡辺が議員辞職すること」との条件を突きつけます。派閥の領袖でなく子分が一人もいない伊東からしたら、実力者が政界から総退場するくらいでないと、何もできないとの一念からでした。

しかし、通るわけがない。

連日の報道で内閣支持率は消費税（三％）並みと言われるほどに。そして、平成元（一九八九）年六月、ついに内閣総辞職となるのですが、竹下の失脚にはつながりません。むしろ、政権投げ出しで検察をねじ伏せます。検察庁は法務省の下部組織ですから、法務大臣を竹下派にしておけば、マスコミがどれほど騒ごうが、どうとでもなる。政権と検察の関係など詳しくは小著『検証　検察庁の近現代史』（光文社新書、二〇一八年）をどうぞ。

その後、竹下は宇野宗佑《そうすけ》・海部俊樹・宮澤喜一と次々と傀儡《かいらい》政権を樹立していきます。

リクルート事件でも竹下支配は揺らがない

宇野宗佑内閣は六月に成立したかと思ったら八月に終わってしまいます。組閣直後に週刊誌『サンデー毎日』に宇野の女性スキャンダルを掲載され、問題となります。七月には参議院選挙があり、事件を受けて土井たか子党首率いる社会党が女性層を狙ったマドンナブームを引き起こします。結果、自民党は大敗。その責任を取って、宇野内閣は、わずか二カ月で退陣となってしまったのでした。女性スキャンダルが政争の具にされ内閣退陣にまで至った最初の事例です。

古くは三木武吉など、ライバル候補がネガティブ・キャンペーンのつもりで「ある有力候補は妾《めかけ》が四人もいます」と言ったところ、「無力な候補の数字的間違いを訂正しておきます。事実は五人です」と返していました。しかも続けて「今日《こんにち》ではいずれも老来廃馬となり役には立ちませんが、これを捨て去るような不人情はできませんから、今日も養っております」という今日なら大失言が続く。老来廃馬とは、「役立たずのババア」の意味。コンプライアンス？　ハラスメント？　何それ？　の時代です。

また、民社党委員長の春日一幸《いっこう》にも似たような逸話があります。街頭演説中に「妾はどうした？」とやじられ「お陰様で元気だ！」と答えたり、「政治と女とどっちを取るんだ？」「女に決まってるだろ！」と本当に委員長を辞めてしまう。

実に牧歌的な（？）時代です。当時は女性関係など政治生命上、何の問題にもなりませんでした。

なお、宇野のスキャンダルを掲載した『サンデー毎日』の当時の編集長は鳥越俊太郎。平成二十八（二〇一六）年に東京都知事選に立候補した時に、自らの女性スキャンダルが表に出て落選したのは皮肉なことでした。因果応報とはこのことです。

派閥の領袖で唯一リクルート事件と無縁だったのは河本敏夫でした。そこで、河本派の海部俊樹が高齢の河本の花道を飾ろうと竹下に頼みに行ったところ、逆に「君ということもある」と次の総裁には海部が担がれることになりました（塩田潮『新板 大いなる影法師――国会議員秘書列伝』サイバースマイル、二〇二〇年）。要するに「お前、やれ」と命令して終了。総理大臣なんて竹下の部下です。角栄の時は、もうちょっと遠慮があったような気が……。

マドンナ旋風で自民党が大負けした平成元（一九八九）年七月の参議院選挙では自民党一〇九議席、その他は一四三議席。過半数割れは自民党結党以来の大敗で、野党が連合すれば、ねじれ国会です。ところが連合しませんでした。公明党と民社党が、国会運営に協力してくれました。裏金を渡して協力させるなど自民党の国会対策政治が功を奏したと考えるのが常識でしょうが、証拠はありません。ただ言えるのは、公明党や民社党としても社会党と組んだりしたら、自民批判票は社会党に集中し、議席が減ります。自民党と組んだほうがいいとの計算も働いたと思われます。

現在の日本維新の会・国民民主党と立憲民主党との関係も同様です。維新や国民が与党と組むことがありますが、立憲と組んでも議席が減るなら、自民党と組んで政局のキャスティングボートを握るのも選択肢になりうるのです。

いずれにしても、今の時代なら公明・民社に大臣ポストを渡さないと国会運営に協力してくれませんが、この時代は「自公民で協力しよう」で終わり。

恐るべし竹下。

ちなみに、宇野宗佑は派閥の領袖以外が総理大臣になった最初です。

大平首相急死の後を受け、大平派の番頭の鈴木善幸が田中角栄の意向により首相になりましたが、それでもゼンコーは大平派の後継領袖になっています。もっとも生前の大平の親友だった伊東正義が「会長の名称は使ってほしくない」と、「代表」でしたが。

派閥の効用が言われ、派閥の領袖であり続けることは、総理大臣になる修行のようなものと捉えられていました。

普通の民主国では、野党を率いて国民の支持を得て選挙に勝つのが、総理大臣になる修行です。しかし、五五年体制では、選挙をやっても自民党が絶対に勝ちます。だから、派閥を率いるのが、総理大臣になる修行のような扱いです。普通の国では国民全体に支持を訴えかけるのに、自民党政治では仲間である政治家と官僚の信頼を得るのが大事になります。

三角大福中の五人は、自分で派閥を作り、幹事長など党三役と蔵相・外相・通産相の主要閣僚を経験していきました。ちなみに、三木は小政党を率いて自民党では中小派閥を創設、田中と大平はクーデタで乗っ取り、福田と中曽根は派閥分裂の後、自力で子分をかき集めて自分の派閥を結成しました。いずれも創業者です。

次のニューリーダー世代は、創業者が退いてくれなかった三木派の河本敏夫と中曽根派の渡辺美智雄がなかなか領袖になれず、党幹部や閣僚の経験も積めず、総理の地位には届きませんでした。田中派の竹下登、福田派の安倍晋太郎、大平派の宮澤喜一は、党幹部と主要閣僚のほかに、官房長官の経験をしています。官房長官は内閣の番頭であり首相見習いポスト。領袖が首相の時に仕えて、派閥後継者の地位を確保しています（宮澤は大平に嫌われ、鈴木内閣で経験)。リクルート事件と病で倒れた安倍は志を果たせませんでしたが、竹下と宮沢は首相に上り詰めました。

——というのが、従来の自民党の暗黙のルールでしたが、竹下は無視。リクルート事件で実力者が誰も登板できないとはいえ、外相と通産相しか経験していない宇野、閣僚は文相二回だけの海部を首相にするなど、竹下派がやりたい放題やるためだけの人事です。そもそも、総理大臣を人事で上から決めるのが、おかしいのですが。

ネオニューリーダーと言われたのが、竹下派の小沢一郎、安倍派の森喜朗《よしろう》、宮澤派の加藤紘一、渡辺派の山崎拓《たく》、河本派の海部俊樹です。この五人の共通点は、官房副長官を経験していることです。派閥の領袖が首相の時に副長官として、次の領袖候補の長官に仕えていま す。山崎拓のみ中曽根内閣で藤波孝生官房長官に仕えたのですが、その藤波がリクルート事件で失脚してしまいました。それでも官房副長官になるということは、「将来の領袖候補」と認知されることなのです。また、長官候補だった海部は他に先んじて首相になっていますが、理由はあるのです。

政治改革のきっかけは湾岸危機で死ぬほど恥ずかしかったから

「竹下派支配」当時、マスコミの批判の矛先は金丸と小沢であって、竹下本人ではありませんでした。

ロッキード事件の後、田中角栄の悪口がマスコミに載らない日はありませんでしたが、それは田中自身が望んでいたことでした。「政界の最大実力者」と書いておけば悪口でも何でも許されました。刑事被告人の無所属議員なので、自分の存在感を誇示しておかなければならなかったのです。田中はマスコミに叩かれて、内心では腹立たしく思っていたらしいですが、それでもメリットのほうが大きいと判断していたということ。しかし、竹下にマスコミ批判のデメリットを甘受する理由など一つもないので、金丸と小沢を盾にしました。

宇野内閣以後、政治における予想は竹下の意向を探るだけという時代となりました。当時のメディアの雰囲気を知る人は覚えているでしょうが、金丸信は「政界のドン」などと言われて、人相の悪い写真が新聞や雑誌の紙面を飾っていたものです。童顔の竹下よりも悪役にはうってつけです。いまだに金丸が当時の最高実力者だったと勘違いしている人もいますが、政治家を顔で判断してはいけません。金丸自身、「オレは所詮《しょせん》、雇われマダム」と言っていました。

金丸は竹下の用心棒兼汚れ役でした。外交関係においては、竹下が中国・韓国との折衝を担当し、金丸が北朝鮮問題の対応をする。内政では、建設省は両者が関わっていましたが、竹下は大蔵省で金丸が郵政省など棲《す》み分けをしていました。一方と組んでいると、もう一方と仲良くするわけにいかない場合があります。そんなケースで金丸が裏側を引き受けており、金丸失脚後は野中広務がその役を引き継ぎました。

「普通の国」が政界再編の軸に

政治改革熱がこの時期に高まったことの背景には、平成二（一九九〇）年八月に始まった湾岸危機があります。イラクがクウェートに侵攻し、撤退しないイラクに対してアメリカは多国籍軍を編成し、翌年一月から攻め込んだのです。

海部は「平和主義」を堅持し、軍隊の派遣などもってのほかと突っぱねます。これをアメリカから見れば、イザという時にはきちんと対応してくれると思っていた日本が当てになりません。ブッシュ（父）米大統領にあきれられます。この状況をなんとかしなければならないと考えたのが小沢一郎で、最終的には一三〇億ドルにのぼる支援金を出すことになります。

自民党の金権腐敗政治を正そうという問題意識もさることながら、国際協力・国際貢献ができない日本の姿が内外に印象づけられる形となったことも、その後の政治改革へのはずみとなりました。

小沢の問題意識をまとめれば、自民党が腐敗して当初の自主防衛・自主憲法の理想を捨てているから、国際貢献できない日本になってしまったということになります。当時の小沢の考えは、『日本改造計画』（講談社、一九九三年）にまとめられています。「普通の国」になるべきだとする小沢の思想は、政界再編の軸にもなります。

金権腐敗政治と湾岸危機での日本のふがいなさは、二つにして実は一つの問題です。

平成三（一九九一）年、海部内閣は、日本の国際貢献のあり方を考える「国際社会における日本の役割に関する特別調査会」を設けます。名前が長すぎるので、一般に会長の小沢一郎の名をとって「小沢調査会」と呼ばれます。会は翌年、自衛隊の国連軍参加は現行憲法下でも可能との答申を出します。

若い人は知らないと思うので、当時の空気を伝えておくと、自衛隊を派遣せず「平和主義」を守った海部政権を世論は支持していました。逆に、小沢調査会の答申は、憲法九条に反するロクでなしのような評価です。

今となっては語られない小沢の理想

金権政治と護憲思想に浸る自民党に挑んだのが小沢一郎です。しかし、「あんた、自民党の中で一番おいしい思いをしてきたよね」とツッコミを受けまくっていましたが、熱狂的な追随者が政界の内外にいたのも事実。うさん臭さが漂いますが、理想があるタイプの政治家です。

小沢一郎が竹下内閣の官房副長官であった時の秘書官が香川俊介、後に財務事務次官になる人ですが、この香川には俗に香川レポートと呼ばれる論文「政治家と官僚 日英比較研究」があります。『日本経済新聞』によると「当時の出向先だった英王立国際問題研究所（チャタムハウス）のレターヘッドに、手書きで一二四枚。政と官にもっと『競争』を導入し、統治システムの質を高めよ、と説く提言の核心部分は、今も重い問いかけとして迫る」（『日本

経済新聞』電子版、二〇一五年十二月二十二日)。

イギリスモデルの近代政党を作るために政治改革が必要という考えで小沢と香川は意気投合しました。小沢は「雲隠れ」する癖があり、大事な時でも誰も連絡が取れなくなるのですが、そんな「雲隠れした小沢と会える人物」が香川だったとか。

小沢の目標は、官僚を使いこなせる政治家を生み出すシステム作りでした。最近の小沢一郎のSNS発信を見ていてもこんな話はかけらも出てきませんが、昔はなかなかの理想家でした。スタッフ投稿だからと言い訳にならないような。

ある政治家が陸山会事件で大変な時に呼び出されて何だろうと思っていたら、延々とイギリス型政官関係について述べられたとか。さすがに心配になって「陸山会は……」と聞いたら、「そんなことはどうでもいい」と、またイギリス型近代政党について語り始めたとか。

世界の中の日本、国際貢献できる日本であるためには、官僚を使いこなせる政治家を生み出す政治改革を行い、近代政党を作らなければならない。

平成元(一九八九)年五月には自民党が『政治改革大綱』を策定。選挙制度改革や政治腐敗対策、政党近代化(派閥解消)などが、この時すでに書いてあります。その十年後には財務官僚時代の木原誠二元官房副長官が『英国大蔵省から見た日本』(文春新書、二〇〇二年)

を著すなど、崇高な理想が掲げられた時代ではありました。

その後二十〜三十年経ちますが、小選挙区制を導入したほかは、本質的な政治改革は遅々として進んでいません。

あまり伝わっていたとは思えないのですが、「マトモな国になるには、近代政党を作らねばならない」と訴えていたのが、小沢一郎なのです。

ご本人、もっと発信すればいいのに。

ＹＫＫの竹下派批判はやらせ

話が先に行きすぎました。まだまだ小沢は権力の中枢にいます。海部内閣の幹事長として、政府与党を牛耳ります。金丸信・竹下登・小沢一郎は「金竹小《こんちくしょう》トリオ」と言われました。

首相の海部は竹下派の傀儡で十一歳下の小沢に操られているみたいに報じられて、それがすべて間違っているとも思えないのですが、二人が政治改革で意気投合したのも事実です。

海部内閣の党三役は、竹下派から小沢一郎幹事長、安倍派から加藤六月《むつき》政調会長、宮澤派か

ら西岡武夫総務会長で、後にこの四人は全員が政治改革を掲げて自民党を脱党しています。これに

海部や小沢らは政治改革に熱心で、特に小選挙区制を導入しようとしていました。これに反対して山崎拓、加藤紘一、小泉純一郎が三人の頭文字を取ったYKKトリオを結成し、竹下派批判を繰り広げます。加藤は宮澤派、山崎は渡辺派、小泉は三塚《みつづか》派のネオニューリーダーと目されていました。渡辺美智雄には、リクルート事件で逮捕されかねなかった中曽根が、ようやく派閥を譲ってくれていました。安倍晋太郎は無念の病死、後継争いは加藤六月との抗争を制した三塚博が派閥の領袖を継いでいました。第二から第四派閥が結束し、最大派閥として再弱小派閥の領袖ですらない海部を担いでやりたい放題やっている竹下派を批判している。

という構図は世間の目をくらます仮の姿で、実は竹下派批判をするようにYKKに命じたのが竹下自身だったとか。金丸・小沢を牽制させる役回りです。あらゆる人々を牽制させるのが竹下の手法、誰も信じていません。

とはいえ、小泉が小選挙区制に反対した本当の理由は、竹下派支配がますます強力になるからでした。ただでさえ強い竹下支配ですから、小選挙区制になって党執行部の権力がさらに強くなったら逆らいようがなくなります。

小選挙区制とは、中選挙区制では昭和五十一（一九七六）年のロッキード選挙のような救いようのない状況になるから改めようと、政治改革の切り札として登場してきたカードです。それはそうなのですが、どんな制度も使い手が悪ければ悪用されかねません。イギリス留学経験のある小泉は、「たしかにイギリスは小選挙区だが、選挙制度によってではなく腐敗防止法で政治を改善したのだ」という建前で竹下派支配に抵抗しようとしました。

しかし歴史の皮肉というべきか、小選挙区制は結果的に、これを最もうまく利用したのは小泉となります。

三塚・宮澤・渡辺の三派連合は海部退陣を求め、結束。海部が政治生命をかけると明言した政治改革法案を葬り去ります。海部は「重大な決意」と解散総選挙を仄《ほの》めかします。これに竹下派会長の金丸信が反対。恐れをなした海部は、総辞職してしまいます。

要するに、数だけなら三派連合が多いけれども、海部内閣を捨ててしまえばキャスティングボートを握るのは最大派閥の竹下派。その思惑通りになります。

平成三（一九九一）年三月の自民党総裁選にあたっては、最大派閥の経世会（竹下派）が候補を出さないことになり、渡辺・宮澤・三塚の三人の総裁候補は経世会の支持を得ようとやっきになります。思いっきり竹下派におもねる形になりました。そうした力関係を反映するのが「小沢面接」です。

　幹事長経験者とはいえ経世会の中堅幹部でしかない当時四十九歳の小沢が、半世代上の領袖三人を個別に自分の事務所に呼びつけて試問したのです。小沢としてはホテルの予約が取れなかったとか、いろいろ言い分はあるようですが、傲慢とのそしりを受けます。ここでも批判されるのは小沢であって竹下ではない。それをやらせた闇将軍竹下を誰も批判しない。

　平成三十（二〇一八）年の総裁選は現職総理である安倍晋三が石破茂を大差で破り当選しました。その後、安倍が石破派に対してパワハラしたと批判された際には「竹下さんはもっとひどかった」と言っていました。それはそうでしょう。政治家がパワハラで泣き言を言っているようではいけません。習近平やプーチンのパワハラはこんなものではありません。独裁国と比較してはいけませんが、国際社会に出たら、国家と国家のパワハラです。

　パワハラに関しても、イギリスでは「選挙で勝って言え」です。

　イギリス保守党には「一九二二年委員会」という機関があります。一九二二（大正十一）年総選挙にて初当選した保守党の議員らによって、一九二三（大正十二）年に結成されました。つまり、当選一回生が作った会です。「一九二二年の我が党では幹部が若手をないがしろにしていた」という歴史を未来永劫残すために、その名「一九二二年委員会」を変えない。そんな「若手の意見を聞け」というためだけの機関がいまだにある。

一九二二年委員会も面白いですが、もっと愉快なのは「造反防止大臣」です。イギリスでは議員が造反することを前提に大臣が置かれているようです。英語ではWhips。「院内幹事」などと、おとなしく訳されていますが、Ｗｈｉｐは鞭《むち》ですから、直訳すれば「鞭打ち大臣」といったところです。

政治家が小物になったとボヤくなら、イギリスみたいに造反を日常化してみればよいのでは？

その五　小沢一郎と平成の政治改革が残したもの

いったいどこまで日本の政治は腐敗していくのか、国民が絶望を感じている中で、平成の政治改革が始まります。しかし、それを推進したのが腐敗の中心にいた小沢一郎。この時代、多くの政治漫画に小沢一郎をモデルにした人物が登場しました。

即座に思い出すだけでも、『沈黙の艦隊』の海渡《かいと》一郎、『大《だい》と大《だい》』の大沢太郎、『サンクチュアリ』の伊佐岡幹事長。名前もさることながら、総理を凌ぐ与党幹事長が政界を牛耳っています。ちなみに伊佐岡は、後の野中広務のほうがイメージは近いですが。

小沢一郎は実は理論肌で、意外と政治手法が下手な人です。すぐに敵を作るし、「仲良かったのに一番の批判者になった人」で山手線ゲームができてしまいます。ただ、力技はすごい。特技は、小沢を嫌っている人の心を籠絡すること。「小沢など絶対に許さん」と言っていた中曽根康弘をくどき落とすなど、天才的な老人キラーでした。

それまで竹下派の「嫡子」の如く権力を振るっていた小沢の人生が大きく変わる大事件が発生します。

平成四（一九九二）年宮澤喜一内閣の時代に、金丸信脱税事件（佐川急便事件）が起きました。金額と固有名詞が異なるだけで、再現ＶＴＲのように繰り返される収賄事件です。五億円のヤミ献金に対する政治資金規正法違反ですが、なんと二〇万円の罰金刑。「なんで五億円の賄賂を受け取って二〇万円の罰金なんだ⁉」と世論の批判を受けます。検察庁の表札に黄色いペンキがぶっかけられるという出来事もありました。

この時の国民は本気で怒っていました。逮捕も事情聴取もなく罰金だけ。当時の週刊誌など「政治腐敗追及 第三八弾」などと、何カ月にもわたたって批判記事を連載していました。記事の末尾が「怒れ、怒れ、怒れ」とか。勢いが伝わってきます。十月、金丸は議員を辞職、竹下派会長も辞任します。さらに、翌年の別の脱税事件で金丸はついに逮捕されます。

バブル時代の好景気は終わっているのに、国民の多くはそれに気付かず、熱が頂点に達していた頃です。ディスコ会場ジュリアナ東京の営業期間（平成三〈一九九一〉年～平成六〈一九九四〉年）とも重なります。お立ち台で踊るワンレン・ボディコンの女性たちはバブルを象徴する光景のように紹介されますが、ジュリアナ東京は実はバブル崩壊後にオープンしているのです。そんなことはさておき。

金丸失脚後、竹下派の跡目争いが起こります。その経緯の詳しいことは小著『自民党の正体』（PHP研究所、二〇一五年）に譲りますが、竹下派は小渕恵三が継ぎ、追い出された小沢は羽田孜《はたつとむ》を担いで羽田派を作りました。小渕派は第四、羽田派は第五派閥に転落します。

ここで小沢が大義名分にしたのが政治改革です。宮澤首相としては、竹下傀儡を脱する最大のチャンスです。羽田・小沢が「ともに政治改革しよう」と宮澤に持ちかけ、宮澤も当初はそちらに傾きます。

しかし、第四派閥のオーナーにすぎないはずの竹下の威令に、三塚・宮澤・渡辺・河本の各派は小沢包囲網を敷きます。党の要《かなめ》の幹事長も、竹下側近の梶山静六。「政治改革をやります」と言った宮澤でしたが、国民世論の怒りに乗った羽田・小沢派と竹下の板挟みになって、動きがとれません。マスコミからは、嘘つき呼ばわりされます。

なぜ第四派閥のオーナーに羽田派以外の全自民党が従っているのか謎なのですが、当時は「黒幕は竹下」という報道すらなく、この時期は梶山、その後は台頭してくる野中広務が矢面に立っていました。

角栄の闇将軍時代は「すべては目白《めじろ》で決めている」と自他ともに認めている時代で、あっけらかんと闇将軍支配をマスコミも叩いて記事にして売っていましたが、竹下の時代はそんな明るさはなく陰湿な空気でした。その陰湿さに気付かず、「小沢対反小沢の時の人」の構図で語られ、政治改革で熱狂しています。

新党ブームといびつな政権交代

熱狂の頂点です。

平成五（一九九三）年六月、内閣不信任案に、羽田派が賛成し可決、衆議院は解散され、政界再編の始まりとなりました。

内閣不信任案を提出したのは、日本社会党・公明党・民社党ら野党です。当時、羽田派が結束して不信任案に賛成、ましてや自民党を脱党できるなど、世の中の誰も本気で信じていませんでした。自民党の他派閥議員、特に梶山幹事長などは「不信任案賛成？　やるならやってみろ」とばかりに、後の加藤の乱の時のような雰囲気でした。羽田派の何人が結束できるかが焦点でした。ちなみに加藤の乱の時は、六〇人の派閥で領袖の加藤に従ったのは一五人です。

ところが、羽田派は全員が結束。どうやら離党含みで賛成するらしいとの噂が広がると、それだけで空気が一変します。内閣不信任案は一人ひとりの公開投票なのですが、羽田派を中心に自民党議員が賛成票を投票するたびに異様な歓声が上がります。もはや自民党執行部には打つ手なし。羽田派からは一人の脱落者も出ず、他の派閥でも賛成する議員が出る始末。当然、不信任案は可決しました。

羽田派が全員結束して自民党を離党し、新生党を結成します。

他にも脱党する議員が出てきました。安倍派若手の武村正義は、不信任案に反対票を投じた上で、羽田派より先に離党して新党さきがけを結成しています。新党ブームの到来です。

最近、「当初の小沢は脱党する気がなかった」などと歴史捏造《ねつぞう》が始まっていますが、本当でしょうか。あのまま自民党の中に居続けたら抹殺されると思って離党したと考えるのが自然ではないでしょうか。小沢は竹下の手口を知りつくしています。竹下は逆らうものを真綿で首を締めるようにいじめ抜きます。

前年（平成四〈一九九二〉年）には、前熊本県知事の細川護熙《もりひろ》が日本新党を立ち上げていました。「日本新党」に「新生党」など、細川や小沢はネーミングのセンスがいい。細川の「政治家総取り替え」などのキャッチコピーは今でも通じるフレーズです。

「新生党」とは「新政党」という意味です。「新生自民党」というキャッチコピーも奪いました。その後の「新進党」（平成六〈一九九四〉年）は「新・新党」つまり「新党」のさらに新しい党という意味がこもっています。安直ですが、ストレートに伝わります。

中選挙区制でも政権交代できるではないか

解散後の衆議院総選挙では、自民党は過半数割れの二二三議席、社会党も半減して七〇議席、新生党五五、公明党五一、日本新党三五、民社党一五、新党さきがけ一三、社民連四、共産党一五、無所属三〇の議席数となり、日本新党とさきがけがキャスティングボートを握ります。

結果、共産党以外の全野党がひとつになって細川内閣が誕生しました。自民党は第一党ではありますが、結党以来はじめて下野しました。しかし、第五党の細川が首相になるというのは、憲政の常道に反する、かなりいびつな政権交代と言わざるをえません。

もうひとつ問題があります。中選挙区制では政権交代が起きないから小選挙制を導入しようとしていたのに、政権交代が起きてしまったことです。

細川内閣で小選挙区制が導入されますが、そのことが後の小選挙区制悪玉論の遠因になっています。「中選挙区制でも政権交代できるではないか」と、落としたい人を落としやすい制度であることに目が向かなくなってしまったのです。

そして、参議院では相変わらず自民党が多数派を占めています。そのため、政治改革法案を通すために細川首相は野党自民党の河野洋平総裁の意見をかなり入れたため、自民党寄りの改革になりました。

ここでは概略だけ。

小選挙区比例代表並立制の是非はここで細かく論じませんが、中選挙区制よりマシであることは間違いありません。問題はその後です。公職選挙法を強化するなどして腐敗防止はかなり進みましたが、いろいろと齟齬《そご》もあります。

企業団体献金を廃止して政党助成金をつける……はずでした。しかし、五年後に廃止するはずの企業団体献金が、いまだに続いているのはどういうことでしょうか。現在、企業団体献金が問題となっていますが、今となっては「企業団体献金廃止」を叫ぶより、いっそのこと「政党助成金廃止」としたほうがいいのではないでしょうか。

「国民一人当たりコーヒー一杯二五〇円を負担する政治改革」という触れ込みで導入された政党助成金ですが、近代政党を築くために小選挙区制にして政党助成金を交付しているはずなのに、いまやその「近代政党」という言葉自体が死語となり、政党近代化は銀河の彼方に消えていってしまっています。

まさかの自社さ連立

平成六（一九九四）年四月、細川内閣が退陣します。八カ月の短命政権でした。国民福祉税の頓挫と佐川急便献金疑惑による支持率急落によるとされていますが、実際は、北朝鮮問題が引き金でした（『正論』二〇〇二年七月号「細川首相退陣の引き金は『北朝鮮有事』だった」）。

この過程で、小沢一郎と武村正義官房長官の確執は修復不能になります。

小沢は新生党の羽田孜を総理に据《す》えます。しかし、公明党と社会党を除いた、統一会派「改新」を結成したので社会党が反発し与党から出ていってしまいます。小沢は早く新・新党を作りたかったようですが、公明党は組織ががっちりしすぎているので、簡単に合流はできません。そんなことをしなくても、連立政権を取り仕切るのは、小沢一郎新生党代表幹事と市川雄一公明党書記長の「イチイチライン」、これに米沢隆民社党書記長を加えた「ワンワンライス」だと衆目一致していました。

一方、社会党には何の話もしていませんでした。細川内閣発足当初は全政党の党首が閣僚になっていたので、閣議がそのまま党首会談となっていましたが、社会党は選挙敗北の責任を取り政治改革担当大臣が委員長を辞めさせられ、村山富市に代わっていました。そもそも当初から党首が集まる閣議とワンワンライスらナンバー2との二重権力が問題となっていたのですが、そこへきて社会党に喧嘩を売っています。怒った村山は連立を離脱します。さきがけの武村は「閣外協力」といって、形式的には野党になりませんが、閣僚は一人も出さず実質的には与党を離脱しています。

いまや羽田内閣は少数与党。なんとか予算を通しますが、自民党の河野総裁は予算可決後に内閣不信任案を提出してきました。羽田は裁決を待たずに内閣総辞職しました。細川内閣よりもはるかにに短い約二カ月の政権でした。羽田は解散総選挙に訴えようとしましたが、小沢は小選挙区制を通したのに中選挙区制のままでの解散は筋が通らないと止めたと言われます。

これが本当なら、小沢もイギリス流の政治がわかっていない。「政治家は制度的に許されているのに自分の権力を捨てるような不合理な行動をとる必要はない」とするのがイギリス流政治です。そうした政治家の本能を利用してルールを作らねばならないとして英国憲政は発達してきたのですが。

小沢は解散などしなくても、自民党の切り崩しに自信を持っていたようです。確かに野党転落直後の自民党からは櫛《くし》の歯が抜けるようにボロボロと離党者が続出しましたが、直前では渡辺美智雄元副総理の離党が阻止されています。少なくとも結果論では、根拠のない自信で連立政権を潰したと言えるでしょう。

さて、羽田内閣総辞職で、ここからは常人の想像を絶する展開となりました。少なくとも、当時大学生の私にはさっぱりわからなかった。私は当時、一週間ほどニュースを見ていなかったので、まったく理解不能でした。ただし、当日の四時までニュースにかじりついていた政治マニアの同級生もさっぱりわからないとボヤいていました。

小沢は、海部俊樹が離党して大量に自民党を切り崩せると、踏んでいたようです。しかし海部が連れてきたのは自身を入れて、たった六人。大混戦になります。

新生・公明・日本新・民社ら連立政権の側は、海部を担ぎます。対して、自民党とさきがけが社会党の村山富市委員長を首相候補に担ぎます。お互いに醜い切り崩しあい。こういう時でも共産党はどっちにもつかない、確かな野党（笑）。当時の衆議院の定数は五一一ですから、共産党の議席一五を抜いた四九六議席の過半数の二四九議席をめぐる、目を覆う多数派工作が繰り広げられました。

自民党の側でも、四十年近くも反対党で、直前の選挙で戦った政党の党首を首班指名で投票するのは有権者への裏切りではないのか、という議論もなくはありませんでした。こういう時にも正論を言う人がいるのが自民党の幅広さ。そして、そういう自分のためにならない正論は、蚊の鳴くような小さな声で言うのが自民党の知恵。五五年体制において最強の野党第一党は自民党です。いかなる手段を用いてでも政権を奪還しに行くし、異論があっても最後はまとまる。「ルールで許されてんだから、何をやってもいいんだ。負けたら正論なんて意味がない」のリアリズムが、小沢率いる連立政権に優りました。

ちなみに憲政の母国のイギリス憲政論では、このような醜い争いをどのように防ぐか。

「有権者が次の選挙で制裁しろ」です。醜い多数派工作で結成した多数派は、次の総選挙で壊滅させせられます。

二〇一〇（平成二十二）年総選挙で、労働党は第二党に転落しましたが、第一党の保守党も過半数を得られませんでした。そこでゴードン・ブラウン首相は多数派工作を始めましたが、党幹部から「みっともない真似はやめろ。我々は負けたのだから、潔く下野すべきだ」と説得され、退陣します。醜い多数派工作をしたら、次の総選挙で有権者に制裁されて党がなくなる。だったら、政権を奪回すべく「陛下の野党」としてやり直すべきだ、がイギリス憲政論です。苦節十四年かかりましたが、この原稿を書いている時点で、今年の総選挙では記録的な大勝で政権を奪還すると報じられています。

一方、保守党は第三党の自民党を連立に巻き込み、政権を維持しました。こういう一つの政党が議会の過半数を得られない状態を「ハング・パーラメント（直訳すれば宙づり議会）」と言って、「革命に近い状況」とされます。だから近いうち（基本的に一年以内）に再選挙を行うのが通例です。保守党のキャメロン首相はそうやって連立政権を樹立しましたが、自民党に「好き勝手に解散するな」と約束させられ、首相の解散権を封印されています（事実上の憲法改正を呑まされた）。結果、ＥＵ離脱問題で解散総選挙による打開ができず、苦しみます。

イギリスは「政治家が責任をとれるなら何をやってもよい」なのですが、本当に責任をとれない無能な政治家が出てきたら、「有権者が判断せよ」なのです。

哀れなのが自民党。要求が通ったのは解散権の封印くらい。保守党にいいように使われ、五七議席から八議席に転落。第三党の地位すら失いました。

世界一性格が悪い人たちと称されるイギリス人。政治家がおかしなことをしたら、何年かけても制裁するのです。翻って日本人は？　世界一かどうか知りませんが、随分とお人よしです。何の自慢にもなりません。

さて、歴代自民党政権はことあるごとに、「まさか社会党に政権を渡すわけには」とバカにしきってきた社会党を首班に担ぐ。何がどうなって、こうなった？？？

理由は以上の次第なのですが、その後に制裁されないから、気にもしません。哀れなのが社会党で、自民党に使われるだけ使われて、党が壊滅。後身の社民党は国政選挙のたびに「党が存続できるか」とスリルとサスペンスを味わっています。

ドイツでも、二大政党が大連立を組むことはありますが、選挙直後に過半数をとれず、他に連立交渉が成り立たなかった場合の最後の手段です。また、基本的には総選挙の際に、政党はどの人を総理大臣候補にするかを、公約していなければなりません。「選挙が終われば白紙委任」は許されません。

この時の自社さ連立は、国民おいてきぼりの権力闘争でした。

では、どうすべきだったか。特に実質的に連立政権を取り仕切っていた小沢一郎は。

村山内閣成立後、非自民・非共産勢力で新進党を結党しますが、細川内閣ができた段階で立ち上げるべきだったでしょう。新進党ができるのが遅すぎました。

議会内の第一党は自民党で、本当の意味で自民党を負かしたわけでもないのに、勝手に仲間割れを始めてしまうという政権運営の拙《つたな》さ。非自民政権は細川・羽田内閣両方を合わせてたったの十カ月しか持続せず、自民党は一年も経たないうちに政権を取り返してしまいました。首相は村山でも、実態は自民党内閣です。

その六　サラリーマンはサラリーマン政治家が大嫌い――総主流派体制の強化

ここからが悪夢の始まりです。今までは前座と言ってもいい。

佐藤内閣あたりから「物言えば唇寒し秋の風」をモットーにするサラリーマン政治家が増

えてくる傾向はあったのですが、それが徹底されました。それでも、佐藤体制では三木武夫のように負けても負けても、「男は一回勝負する」と日本中に感動の嵐を巻き起こして善戦するような反主流派の政治家もいましたが。ちなみに三木は二年後に「男は何度でも勝負する」と再挑戦……（以下略）。

小選挙区制では一選挙区で一人しか公認されないので、それによって派閥解消が期待されました。原理的に反主流派が成立しない制度のはずなのです。

しかし派閥は解消されず、派閥単位で各選挙区の公認を奪い合うことになり、「寄らば大樹の陰」とばかりに有力派閥に付こうとする傾向が顕著になりました。

もともと自民党の派閥は、「親分を総理大臣にしようと集まった疑似血縁集団」です。だから何か気に入らないことがあると出ていく。平気で「アイツが嫌い」で派閥を壊す。ところが、小選挙区制導入から、派閥の「法人化」が進みます。「脱疑似血縁集団」と言ってもよいかもしれません。

自民党の派閥は、親分が金を集め、子分を養う集団でした。戦前からそうですが、一人で金を集める領袖は支配力が強くなり、集金して派閥に上納すると幹部にしてもらえます。

その典型が、田中角栄。佐藤栄作派の五大幹部の一人と言われましたが、佐藤派の選挙資金のかなりを集めていたとか。金権政治家と言われますが、血のにじむような思いをして金を集め、佐藤に上納。見返りに幹事長・通産大臣の要職をもらっています。そして権力を使って、さらに金を集め……。さらに田中は集めるだけでなく、配る方もやっていたとか。ハタからは佐藤の総裁選での田中の金の撒《ま》き方は、自分の「予行演習」だったそうです（伊藤昌哉『自民党戦国史』朝日ソノラマ、一九八二年、二七頁）。

この、「親分が金を集め子分を養い、その中から実力のある者は自分で集金して派閥に上納する」は、他の派閥もおおむね同じだったとか。これだと「政治力＝集金力」であり、政治ができるかどうかは、まったく関係ありません。

そういうのをやめようとしたのが、三木の政治改革です。三木内閣の政治資金規正法改正で、寄付制限・収支公開を義務付けたので、企業献金が集めにくくなりました。ちなみに、この時は同一団体への寄付は一五〇〇万円までにしたので、トンネル団体を乱立させねばならず……。

これが原型なのですが、平成の政治改革でシステム化されました。最も洗練（？）されたのが、小渕派（実態は竹下派）。梶山静六の伝記など読んでみると、「ノルマがあって無理して集金して、派閥に上納して、党や政府の要職に就けてもらっているけど、その先に何があるんだろう」という虚しさが伝わってきます（ご興味がある方は、田崎史郎『梶山静六　死に顔に笑みをたたえて』講談社、二〇〇四年をどうぞ。著者は、そういうつもりで書いてないだろうけど）。

派閥は、選挙と人事の互助組合として生き残りました。派閥単位でパーティーを開き、皆でノルマを分け合う。

小選挙区制は、一人しか当選できないので、幹事長の公認権が絶大になります。派閥の役割は、その公認をとってくることになります。それには主流派にいないとできない。小選挙区制導入以前の現職議員がいますから、その既得権益に従って公認を与える。しかし、逆らったら容赦なく公認を外す。それが嫌だから幹部に逆らえない。

こうした「物言えば唇寒し秋の風」が衆議院で始まったことには小選挙区制導入の影響が大きいですが、参議院ではとっくに始まっていました。

田中閣将軍時代絶頂期が始まる鈴木内閣で、比例代表拘束名簿式を導入します。比例代表とは政党ごとの得票数に比例して議席を割り振るのですが、事前に提出した名簿の順位に従い当選者を決めます。たとえば自民党が一五議席獲得なら、名簿順位一五位までが当選。その順位を決めるのは幹事長です。ということは、参議院比例区の候補者の選挙活動は、上位の順位を貰うことです。一〇位以内だと絶対当選だし、二〇位以下の下位だと何をやろうが当選しません。

そして、激戦を制した衆議院議員だろうが、名簿の順位だけで受かった参議院議員だろうが、総裁選では同じ一票です。参議院を制する者は、日本政治を制する。この構造と歴史は、小著『参議院』（光文社新書、二〇二三年）をどうぞ。

集票能力が高い業界団体は、田中派・竹下派から自己の利益代表を立候補させようと殺到します。衆議院ではそんなに差がないのに、参議院だと田中・竹下派は他派閥に圧倒的です。

田中派・竹下派 ＞ 総裁派閥 ＞ 主流派（のより数が多いほう）＞ その他

の序列は、鈴木内閣ですでに決定的になっていました。

申し訳ないですけど、小選挙区制で党幹部の権力が強まったので政治家が小粒になったと言うなら、拘束名簿式時代の参議院比例代表選出議員など「賛成と反対さえ間違えなければ構わない採決要員」とバカにされたものです。出身母体の利益は供与するから、党（つまり最大派閥）の方針に逆らうな、です。

こうした傾向を衆議院でも加速させる傾向が出来上がった、との文脈で語らないと、小選挙区制導入の何が問題だったのか見えなくなります。

つまり、「小選挙区制の導入で、竹下派支配がさらに強化されたので政治が劣化した」を直視しないと、原因の究明になりません。小選挙区制悪玉論が盛んになる理由はここにあります。ほぼ〝誤診〟と言ってよいでしょう。

この時代、派閥が変容していきます。三角大福中〜安竹宮の時代にかけて総裁候補を持たない派閥を「中間派」と言いました。自民党の派閥は領袖を総理・総裁にするために集まった集団なので、総裁候補を持たない派閥は、いずれ消えていく運命にありました。

ところが、この頃から中間派が消えずに、残るようになるのです。

現在の派閥は中間派だらけです。安倍内閣時代など中間派でない派閥が珍しいという状態でした。

まず最大派閥の細田派（安倍派）が総裁派閥です。第二派閥が麻生派で麻生内閣退陣後は中間派。麻生さんは再び総裁選に出るつもりはありませんでした。第三派閥が（額賀《ぬかが》派↓竹下派↓）茂木派で中間派。茂木さんが総裁候補として育っておらず（認められず）、中間派でした。中間派歴が一番長いのは額賀派。額賀福志郎は派閥の領袖なのに一回も総裁選に出られなかった人です。第四派閥を二階派、岸田派が争っていました。二階派は中間派です。岸田派は中間派ではありませんが、弱体派閥でした。ようやく第六派閥に石破派があります。麻生・額賀・二階の第二〜第四派閥までが中間派ですから、安倍内閣が長く続くのも不思議ではありません。安倍さんのライバルは再弱小の第六派閥の石破さんだけ。第五派閥の岸田さんは主流派に取り込んでいます。

逆に、麻生派と二階派がそうであったように、中間派が小選挙区制のもとで「法人」として生き残るようになりました。昔と違って、イヤなことがあっても辞められない。サラリーマンがどんなにムカつくことがあっても会社を辞めないのと同じです。

「あいつが嫌いだ」で派閥を飛び出したのは、梶山静六が最後ではないでしょうか。前掲『梶山静六 死に顔に笑みをたたえて』によると、竹下の軽口に怒った梶山が派閥を飛び出して総裁選に出馬したことになっていますが、さすがに話が単純すぎて信じがたい。しかし、そういう行動原理がかつての自民党政治家には存在したという事実はわかります。

実際、昭和三十年代の派閥なんて、派閥の代替わりの際は「なんで俺がアイツの下につかなきゃいけないいんだ！」で分裂します。岸派の三分裂はお話ししましたが、河野派も領袖の河野一郎が死去するや、若い中曽根康弘に従いたくない長老が森清《もりきよし》を領袖に森派を結成。大野伴睦の死後の大野派など、水田三喜男と村上勇《いさむ》の二つの中間派に分裂。などなど、枚挙に暇《いとま》がありません。

でも、小選挙区制導入後は、イヤなことがあっても派閥を出ていかない。その後も派閥は離合集散・曲折浮沈を繰り返しますが、他の理由はあっても、「アイツがムカつく」で分裂した派閥はありません。

梶山が竹下に逆らって出馬した平成十（一九九八）年総裁選では、第二から第四派閥が分裂しました。これを最後に、派閥の「法人化」が決定的に進みます。

そして、「政治家のサラリーマン化」が進みます。特に自民党で。本物のサラリーマンが最も嫌う人種の出現です。

自民党議員の出世とは

ここで自民党員の出世階段について簡単に説明しましょう。サラリーマン政治家の出世街道もサラリーマン的です。

まず当選一回では、何の役職にも就けません。国会議員は一つ以上の常任委員会に入ることが建前になっていますが、新人議員は差し替え委員として、こき使われます。ヒラ委員から出世すると委員長になります。委員長にも格付けがあり、予算委員長が最も格上です。

委員会は国会の機関ですが、自民党内には部会があります。この部会に熱心に出席している人が目をかけられて出世します。部会で行われているのは業界団体の調整、および、そこに官庁の要望を差し込むことです。あるべき国家像などというものは基本的にありません。国家像を語る部会もあるにはありますが、票にならないので回を重ねるほど人が減っていきます。利権のからむ農水・建設・道路・郵政などを扱う会では議員のみなさん、とても熱心に取り組みます。居眠りしている議員など一人もいません。法律が一文字変わるだけで多くの人間の人生が即座に変わってしまいますから、真剣勝負です。

部会で熱心に勉強している姿勢が認められると、当選二回で政務官になります。その後、当選を重ねるにつれ副大臣、大臣へと上っていきます。政務官・副大臣・大臣は政府の役職です。政務三役と言われます。

党内の役職としては政調会の部会長、調査会長へと上がっていきます。そして幹事長・政務調査会長・総務会長の党三役（幹部）となり、ついにはトップに君臨する総裁・副総裁へ。

しかし、何よりも大事なのは派閥の出世階段を上ることです。派閥での地位が上がっていくと、党や政府で役職に就けるというしくみです。

政府、国会、党、派閥、四つの階段をジグザグに上っていきます。ジグザグというのは、同時に四つの階段を上るわけではないからです。

典型的な自民党議員の出世について簡単にまとめましたが、詳しくは小著『2時間でわかる政治経済のルール』（講談社＋α新書、二〇一九年）をどうぞ。

このシステム、決して悪いシステムではありません。小選挙区制はいったん通れば選挙を気にしなくて済む人もいるので、政策に打ち込める議員が与野党に登場します。

一九九〇年代末、「政策新人類」と呼ばれる若手議員が現れました。与党の根本匠《たくみ》・安倍晋三・石原伸晃《のぶてる》・塩崎恭久《やすひさ》で、四人は各人の頭文字を取ってＮＡＩＳの会を結成。野党では枝野幸男が、その代表とされました。

平成末期から令和初頭にかけてしのぎを削る安倍・枝野が台頭したのが象徴的です。

さらに言うと、安倍晋三は自民党の期待の星でした。選挙はただでさえ鉄板なのに小選挙区制では「ダブルスコアだと苦戦」のレベルです。訳のわからない利権話に付き合わなくていいし、悪いことをする必要がない。何より絶対に落選しないから政策の勉強、他の議員が

代議士が上る４種類の階段

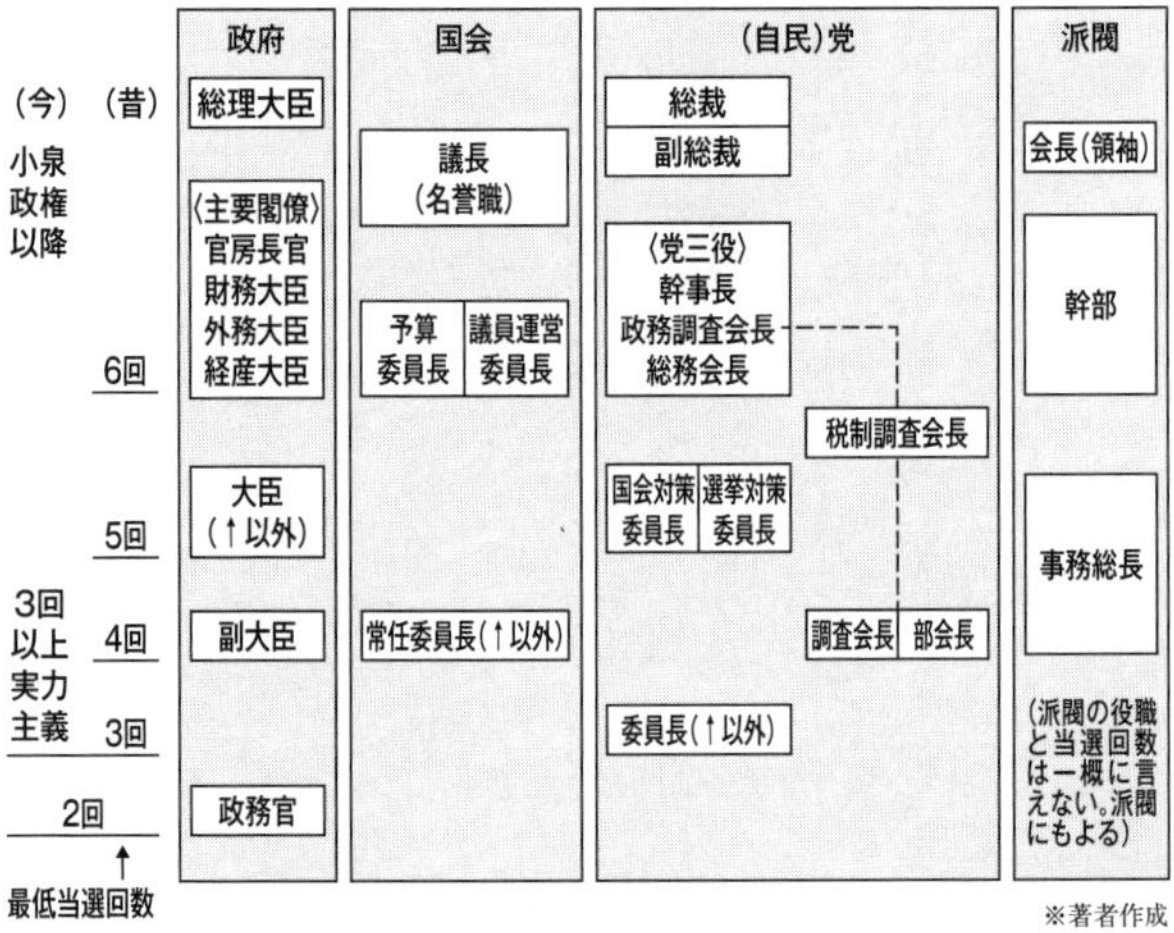

※著者作成

できない皇室や憲法など国家の基本に関わる哲学につながる政策を勉強できる。

　イギリスでは、有望な若者を将来の総理大臣候補として、鉄板の選挙区で公認します。たとえば、今のリシ・スナク首相は、引退するウィリアム・ヘイグ保守党元総裁の選挙区をもらって当選三回で首相。オックスフォード大学から保守党の党お抱えシンクタンクに就職したデーヴィッド・キャメロンも鉄板の選挙区をもらって野党の時に当選二回で総裁、三回で首相。日本で言えば、山口四区が空いたら、十年後に総理大臣にしてよい若者を公認して、総理総裁の修行をさせるようなものです。

　日本では「桃栗三年柿八年、総理大臣十五

年」と言って、大臣になって十五年くらいかけて総理大臣になるのが通例とされました。では日英の何が違うのか。

抜擢人事があるか、完全な年功序列か、です。イギリスの場合は二大政党制で、年功序列で「角さんに頭を下げればゼンコーでも総理になれる」みたいなことはできません。野党になるのが嫌だから、国民の支持を得られる人材を総裁にします。しかも本気で改革する。「保守党負け犬」時代に総裁になったのが、鉄の女ことマーガレット・サッチャー。自前のシンクタンクを連れてきて、党改革で何をすればいいかから徹底教育、労働党と労働組合に対して一丸となって論争を挑み、勝って政権を獲得。今度は長い野党暮らしになった労働党は、若いトニー・ブレアを総裁にして大改革。訳の分からない共産主義の亜流みたいなことを言う連中を叩きのめし、政権を奪取するや長期政権を築きました。安全保障では「保守党以上に保守党的」と言われた現実主義でした。

中選挙区制だと、自民党同士の潰しあいなので、政策論争の余地などありえません。だから小選挙区制にして、有為の若い人材の政策能力を政治に生かそうという動きだったはずなのですが、いかんせんソフトウエアである現実の政治家の質が悪すぎたと言えば酷でしょうか。

その中でも、政策通として台頭した安倍晋三は、あれよあれよと当選三回で将来の総理大臣候補と目されるようになり、四回で首相になりました。ちなみに当初の安倍晋三は社会保障の専門家と見られていました。

なんでもかんでもイギリスが素晴らしいとは言いませんが、いざ平成の政治改革の結果が実現してしまえば、イギリスの猿真似に終わったのは否めないでしょう。大量の〝サラリーマン政治家〟を発生させてしまいました。

さて、平成の政治改革は、小沢一郎が竹下登と戦って作った制度ですが、果実を食らったのは竹下の方です。

竹下登は先の先まで人事を考える人でした。竹下自身の内閣では、当初、四年総理を務めるつもりでしたから、四年分の組閣名簿を考えていたとか。ここまでは、そんなに驚きません。しかし、第二次田中角栄第二次改造内閣が金脈問題で一カ月も経たずに退陣したので、その時に一カ月しか大臣でいられなかった全員に、その後〝補塡人事〟を施したとの逸話があります（『政治とは何か　竹下登回顧録』講談社、二〇〇一年、一二〇～一二一頁）。万年与党だからできることです。

竹下は議員になる前から、その手の計画性のある人でした。青年団による学生国会で議長役のとき、野党の質疑、総理大臣の答弁、乱闘国会などのすべての台本を書いたといいます。それを本物の政治家になっても続けていました。

特定の乱闘国会ひとつの台本を書くのは誰でもできますが、竹下は昔のことを覚えていて、役を割り振ります。ある国会で机の上に立つなどカメラに映る位置で目立つ行動をとった議員と対抗する議員の群れを抑える議員がいたとします。「この議員は過去、革靴で手を踏まれながら地味な役で頑張ったから、今度は目立たせてやろう」など前後五回程度を頭に入れて役割を考えるのです。こんな竹下が権力を握る自民党で党幹部の公認権が絶対のシステムができあがったので、逆らわない政治家が出世することになりました。

竹下に最も忠誠を尽くした、橋本龍太郎・小渕恵三は、次々と首相にしてもらえました。

橋本行革――首相官邸主導政治の罪と罰

平成八（一九九六）年一月、橋本龍太郎内閣が誕生します。橋本は党の幹事長や政府での閣僚経験があり、さらに、細川・羽田・村山の次ということもあって、久々の実力総理であるかのように世間的には思われていました。しかし、子分ゼロという人望のなさですから、竹下の支えがなければ、何も決まらない政治になっていたはずです。橋本龍太郎より人望がない自民党政治家は、歴代でMさんぐらいです。そもそも首相になれるはずがない。

言うなれば、橋本はサラリーマン社長。所属する平成政治研究会（小渕派）の領袖ですらない副会長。オーナーは竹下です。派閥は日常的な情報交換の場として貴重であり、選挙や人事の互助組合でもある。何より総裁選で領袖が発言権を得る基礎的な力です。そういう目的の法人と化しました。この時点で、すっかり「親分が総理大臣になるために金を集めて子分を育て」という姿は消えていました。ある意味で「派閥解消」は達成しているのです。根本的に変質していたのに気付かなかっただけで。

平成の政治改革の目的は、「世界の中で恥ずかしくない日本にしよう。それができる強い政治をしよう」でした。この橋本内閣時代の行政改革（橋本行革）で首相官邸の力が強まります。橋本の時代に官邸主導政治と省庁再編が行われ、それらは橋本内閣の任期中には実行されないのですが、竹下と平成研の力ですでに始まっていました。首相官邸を中心に日々の行政のルーティンが回り、利害の調整が行われて、最後に竹下が裁断をくだせば終わり。

あまり詳しい研究はないのですが、皆がなんとなく竹下の方を向いているのが、この時代です。たとえば日銀法の改正など、おおまかに賛成派と反対派がいて、主要アクターが調整し合っている。しかしなんとなくみんなが竹下の方を向いていて影がちらつくんだけど、竹下は自分では何もしない。田中闇将軍時代のように「日本のことは全部、ここで決めるんだ！」と目白御殿で角栄が絶叫するなんて光景はなく、なんとなく行政のルーティンの中で決まっていく。

ちなみに田中も竹下も闇将軍でいられたのは、金や派閥を誰よりも持っていたからではありません。確かにそれらは大事なのですが、じゃあ金と派閥だけあればいいか。それなら、政治家の中で最もお金持ちだった派閥の領袖の藤山愛一郎はもっと大派閥でなければおかしいですし、一時的に最大派閥の会長だった三塚博は、はるかに権力を持っていても構わなかった。しかし、そうはなっていません。

田中も竹下も最大の武器は「誰よりも政治に詳しい」です。選挙、政局、そして政策。誰よりも政策に詳しくて、いかなる政策でも通す力がある。だから多くの人が頼り、闇将軍は誰の意見をどこまで聞けば最も長く強く自分の権力を維持できるかを計算して、捌《さば》いていく。他の人々や組織は、すべてコマ。

地方で「六選を目指します」みたいな知事の公約集なんて、県の隅々まで網羅していますす。二十年も最高権力者をやっていたら、政治家や職員の誰よりも詳しくなって、誰も何も言えない。知事や市長に限らず、地方議会のドンみたいな政治家は全国津々浦々にいますが、若手がなんか言っても「お前、それ違うよ」で終了。だから、誰も逆らえないドンなのです。

田中や竹下は、その国政版です。

これをやると何が問題か。既得権益は保護され、新陳代謝が起きません。日米安保体制下の高度経済成長でみんなが満足している時代ならともかく、バブルがはじけ、湾岸危機では大恥をかいた。いつの間にか北朝鮮のミサイルと不審船がやってくる。全然、大丈夫じゃないじゃないか、と不満を持った時に、「地方のドンの国政版」みたいな闇将軍に従っていれば、出世ができるサラリーマン政治家が偉そうなことを言っているのに結果は出ない。

そんな政党に政党助成金を渡せばどうなるか。

令和六（二〇二四）年現在、二階俊博幹事長の約五〇億円の「政策活動費」の使途不明が問題となっていますが、幹事長時代に権限に基づいて党から受け取った金額であって、それは昔のように自ら集めた金ではありません。実力派と目されていた二階でそれですから、他は推して知るべし。その二階も幹事長を辞めたとたんに力を失ってしまいました。ポストに伴う権限があっての資金力なのです。

小選挙区制導入以前の派閥政治家は権限を力で奪い取りに行っていましたが、以後は出世して権限をもらって権力を振るうようになりました。

疑似血縁集団としての派閥の力を削《そ》いで、権限がある幹事長が差配するのは政党近代化ではあるのですが、あまりにも形式的にすぎました。

その七　単なる劇薬で終わった小泉改革

平成十二（二〇〇〇）年六月、竹下登は七十六歳で没しました。その前から姿が見えなくなり病気説がささやかれていました。静かに跡目争いが始まります。

時をほぼ同じくして、小渕恵三首相も在任中に倒れて急死します。小渕派は前首相の橋本龍太郎が収まりはよいだろうと、会長を継ぎます。首相の後継は「五人組」と言われた幹部の談合により、森喜朗幹事長になりました。森の他の四人は、野中広務幹事長代理、青木幹雄官房長官、亀井静香政調会長、村上正邦参議院議員会長です。

森内閣は低支持率に苦しみましたが、その背後では竹下の跡目争いが起こっています。極めて単純化すると野中広務VS.小泉純一郎です。田中角栄が蓄え、竹下登が完成させた手法で最大派閥を率い、組織を押さえて権力を握ろうとした野中広務に対して、小泉純一郎はマスコミを使って権力を握ろうとしました。小泉の背後には参議院を押さえる青木幹雄がいます。青木が小泉に付いたことで小渕派が割れ、野中が推した橋本が総裁選に敗れたことで、小泉が政権を奪取します。

小泉は、田中型政治と三木型政治の双方の側面を持っている政治家です。金で派閥を養い、力を得るのが田中型政治。マスコミに訴えて世論の人気を得るのが三木型政治。自民党総裁選に勝つには派閥の力が必要ですが、総選挙で自民党が勝っていなければ、自民党総裁など単なる野党のまとめ役です。

中選挙区制の時代だと絶対に自民党が負けないので「マスコミの寵児《ちょうじ》が首相になった例はない」と言われたのですが、小選挙区制になると政権与党が大敗する可能性がある怖い選挙です。少し国民の雰囲気が変われば、平気で一〇〇議席や二〇〇議席は入れ替わる。だから、世論に受けのよい総裁を据えないと、代議士たちは自分の身が危ないのです。

結果、「変人」「一匹狼」と目されながらマスコミ人気は高かった小泉が選ばれたのでした。小泉が勝った総裁選は平成十三（二〇〇一）年四月ですが、数カ月後には参議院選挙が控えていました。支持率が消費税並みの森首相で選挙をしたい参議院議員は、自民党には一人もいません。

なお、小泉はマスコミの扱い方も天才的でしたが、根っからの派閥政治家でもあります。小泉が「私に反対する勢力は抵抗勢力だ！」と訴えた時、国民は巨大な反対派に小泉が立ち向かっていると勘違いして熱烈に支持しましたが、小泉内閣五年の在任中で与党内の小泉の支持勢力が過半数を切ったことは一度もありません。こういうところが、政局の天才と言われた所以《ゆえん》です。小著『検証 財務省の近現代史』（光文社新書、二〇一二年）を参照。

小泉のキャッチフレーズ「自民党をぶっ壊す」を覚えている人も多いでしょう。しかし、これは小泉の専売特許ではありません。田中角栄すら言っていたことです。「文句があるなら、自民党を政権から引きずりおろしてください」と訴えていました。どうせ国民はそんなことをできないと思って言ってるのですが、演説名人と言われた角さんが熱を込めて言うと、本気度が伝わったものでした。

ちなみに三木は、話し合いで椎名悦三郎副総裁の裁定で田中後継を選ぼうとした際の総裁選で、「僕を総裁にしないと自民党をぶっ壊す（意訳）」と脅したそうです。色んな文献で表現は違うのですが、共通しているのはいちいちネチネチしていて無駄に理屈っぽいけどエゴ丸出しの脅迫にすぎないこと。石破茂さん、総裁選に負けても負けても最後は勝った三木さんを見習っているようですが、反面教師にしたほうがいい。

小泉は今から縷々《るる》見ていくように、田中政治の手法を否定しながらも、三木政治を反面教師にしています。

さて、本質です。「なぜ自民党をぶっ壊す」が、国民にバカ受けしたのか。自民党が日本人の縮図となる、普通の人の集まりだからです。

かつての社会党や民社党は労働組合に支持されていました。立憲民主党や国民民主党の前身です。

公明党の支持母体は創価学会で、宗教団体。共産党は宗教を否定しながらも、共産主義という疑似宗教の信奉者の集団です。共産党と自民党は政界再編に関わらず残りましたし、公明党は一時的になくなりましたが、残りました。

公明党や共産党は組織力を持つから残るのですが、自民党は？　確かに全国津々浦々まで支部を持ち巨大な組織なのですが、〝戦闘力〟で言えば公明共産の比ではない（両党とも、最近は怪しいですが）。自民党が生き残ってこられたのは、圧倒的多数の普通の日本国民の支持を集める大衆政党であり続けたからです。国民政党と言ってもよい。

現在の政党で述べます。立憲民主党の党内で評価されることを言っても、国民には受けません。むしろ、価値観が真逆です。公明党や共産党のほうがまだ普通の日本人ではないかと思われるぐらい、変なことを言っている。その公明・共産は信念が強いだけに、日本人の多数派には絶対になれない。創価学会の信者も共産党支持者も、日本の中では少数派ですから、創価学会の教義や共産主義の教え（今でも信じているのか？）を国民に言っても受けません。

国民民主党は、民社党の後継政党になります。民社党は労働組合を支持母体としながらも、より幅広い層を狙い都市インテリ層にも支持されていた政党でした。インテリは常に少数派です。

また、反対派からはポピュリストとも批判される日本維新の会でも、実は、党内で受ける話と日本国民全体に受ける話が違います。大阪の地域政党から出発したので、「大阪とそれ以外」が「党内と国民」に対して違う話を語りかけねばならない構造になります。

ところが、自民党総裁選で訴えることは衆議院や参議院の選挙で訴えることとまったく同じでよいのです。自民党支持者は「少し政治に興味がある普通の日本国民」なので、「自民党をぶっ壊す」は受けるのです。

角栄と明らかに違い、小泉の「ぶっ壊す」は本気でした。このあたり、妥協を前提とした自民党派閥政治を少数派として引《ひ》っ掻《か》き回した、三木政治に通じるものがあります。小泉は郵政民営化を目指していましたが、「自民党が改革に反対するのなら自民党をぶっ壊す。私と組みましょう」と国会で民主党に訴えていました。総理大臣自ら、与党をぶっ壊すと言って野党第一党に呼びかける。小泉は本気度が違いました。おそらく本当に脱党することも視野に入れていたと思います。もっとも、それは予備のマイナーシナリオで、メインシナリオは「逆らった奴《やつ》らを追い出す」だったはずです。

民政党の遺伝子

戦前の二大政党は立憲政友会と立憲民政党でした。

自民党は、自由党（板垣退助）→立憲政友会→自由党（吉田茂）の後継政党で、基本的に地方利益の代表政党です。平行して、立憲改進党（大隈重信）→立憲民政党→日本民主党（鳩山一郎）の流れがあり、両者が合併して自由民主党となりました。

鳩山一郎が首相の時に自由党と日本民主党が合併したので建前上、対等合併ですが、組織構造的には田舎の代表である政友会系が都市の代表である民政党系を吸収合併しているのです。

自民党結党以後、三回の大きな危機がありました。一回目が田中金脈政変で、クリーンなイメージの三木武夫で乗り切りました。二回目の危機はリクルート事件で、海部俊樹で乗り切りました。三回目が森内閣で、ロッキードやリクルートに匹敵する大事件はないのですが、最初から最後まで評判の悪い内閣でした。この三回目の危機に現れたのが小泉純一郎です。実は、三人とも民政党の遺伝子を引き継いでいます。

三木が民政党系と言えるかどうかは多少怪しいのですが、そういう思想傾向の持ち主と目されていました。海部が秘書として仕えたのは、民政党の代議士だった河野金昇《きんしょう》。小泉は父の純也も祖父の又次郎も民政党で、親子で大政翼賛会と戦っていました。

こうした、基本的には「地方利益の代表だけど、都市の有権者の支持も逃したくない」は自民党が長く政権を維持できた知恵です。こういう幅広い人々に利益を提供できる政党を包括政党と言えます。

具体例です。平成三十（二〇一八）年、ＴＰＰ（環太平洋パートナーシップ）が発効となりました。これに至るまで地方の農村地区に基盤のある自民党議員は反対していましたが、純一郎の息子である小泉進次郎は「ＴＰＰは正しい」と言える自民党議員でした。選挙区が横須賀で、農協と関係ないからです。ある自民党議員は「ぼくは○○県の政治家だからTPPに反対です」としゃあしゃあと言っていました。この人の正直な性格は憎めませんが、国会議員にはもっと日本全体のことを考えてもらいたいものです。でも、こういう構造だと仕方ありません。

自民党とはそういう政党で、ふだんは地方に利権をばらまいて、政権を失いそうになると都市に媚《こ》びる。ほとぼりが冷めたらまた元に戻る。これを繰り返しています。

かつて経済学者で一時は自民党代議士だった栗本慎一郎が「〝女性党〟は男性中心社会に対抗して主張しているということがわかる。しかし、〝男性女性党〟では何のための政党かわからない。自由民主党は何でもありの政党で、この〝男性女性党〟ぐらいおかしい」と言っていました。包括政党である自民党を批判した言です。いくら包括政党とはいえ、絶対に対立する地方利益と都市利益の両方に媚びていることがそもそもおかしい。

理念も政策も何もない自民党。ある時、ふと思いました。裏を返せば日本の政党で唯一非合法化できないのが自民党ではないか。公明党や共産党は主義主張がはっきりしているので非合法化する方法を考えつくことができます。立憲民主党、日本維新の会、国民民主党も非合法化しようと思えばできる。れいわ新選組やＮＨＫ党は、もっと簡単です。最も非合法化しやすいのはＮＨＫ党かもしれません。自民党はどうやったら非合法化できるか見当がつきません。もちろん、非合法化しろと言っているわけではないので、お間違えなく。

ちなみに、イギリスは保守党が地方利益の代表で、自由党のちに労働党が都市利益を代表しています。利害調節は選挙で行います。つまり、行き過ぎたら、政権交代して健全化する。

ところが自民党は絶対に政権から離れたくないので、両方に媚びる。媚び方の重点がその都度変わるだけ。そういう構図の中では、小泉純一郎も自民党的知恵の中で政権維持のために使われているだけです。

偽青木率

ところで、「内閣と党の支持率の合計が五〇％を下回ったら政権の命運が危険水域」という説があります。青木幹雄の言葉とされ、「青木率」または「青木の法則」、「青木方程式」とも言われます。しかし、内閣支持率と自民党支持率は比例するもので、足す意味がありません。私はこれを「偽青木率」と呼んでいます。

「真青木率」は「国民からの支持率と党内の支持率の合計が一〇〇％を切らないうちは大丈夫」です。この二つは必ずしも一致せず、党内で支持されても世論の支持がない内閣は倒れるし、世論の支持があっても党内で四面楚歌《しめんそか》では政権は成り立ちません。前者は竹下内閣、後者は三木内閣がよい例です。

竹下内閣は消費税並みのヒトケタの支持率でも、党内に敵はいませんでした。「真青木率」の合計が一〇〇％を切る前に辞めたので、実権を保ちました。三木おろしの時に「党内の七割が反三木だが、世論の七割が三木支持だ」と言われました。三木は党内の三分の二を敵に回していましたが、世論の支持があったのは確か。しかし、本当に七割の支持があれば、三木内閣はもっと強く出られたはずです。

真の青木率である党内支持率と国民支持率の合計が常に過半数を超えていたのは、小泉純一郎と池田勇人の二人だけでしょう。池田は最後の方は危なかったのですが、小泉は危ないときが一度もありませんでした。「危ない」という演出ができるぐらい危なくない余裕の政権運営でした。

そんな小泉は党改革にも取り組んでいます。若い時に、小沢一郎が小選挙区制を導入しようとしたのに楯突《たてつ》き、「真の改革は党改革だ」と言っていただけのことはあります。

そもそも、総裁選で国民世論の支持を得て最大派閥の候補者を破ること自体が「政権交代と同じ」と言っていましたし、それ自体が政治改革です。

小泉は竹下的サラリーマンシステムを壊そうと、三回当選すれば実力主義で大臣就任も可能としました。それで大臣になった人が棚橋泰文と茂木敏充というのも、どう評価していいのかわかりませんが。

一方、野党のほうが進歩的かというとそうでもなく、民主党系はいまだに年功序列が厳しい。唯一、謎の例外が蓮舫《れんほう》です。民主党、それを引き継ぐ立憲民主党の人事は同じ人がグルグル回るだけなので「メリーゴーランド人事」と呼ばれます。同じ人が同じように不祥事を起こしていて、この人たち、大丈夫なのでしょうか。当選回数・年功序列主義の打破という意味では、小泉後の自民党のほうがはるかにマシという状況です。

当選回数主義が生まれてくるのは政権交代をしないからです。

日本の自民党は絶対野党にならないから、当選回数主義などというふざけたことができるわけです。そして、野党は絶対に与党にならないから、同様にふざけたことができる。実力のある政治家を前面に出して競おうという気概が双方にない。

イギリスは当選回数至上主義がなく、向いてない人は政治家を辞めて他の職業に就きます。日本の場合は議員が家業として成立してしまっています。もっとも、国によっては、当選回数・年齢に加え、人種や階級など様々な要素で年功序列より歪《いびつ》な出世システムになっていて大変とか。

それはさておき、日本で代議士が〝おいしい〟職業になったのは、もとをたどれば明治期の第二次山県有朋内閣のころです。山県は年額八〇〇円であった衆議院議員歳費を二〇〇〇円へと大幅に引き上げ、議員らを合法的に買収したのです。第二次山県内閣では増税、軍部大臣現役武官制、キャリア官僚制など、次々と官僚支配を進めますが、このようにして反対を抑えたのです。自由民権運動くずれのルンペンみたいな格好をしていた代議士が馬車に乗るような生活になったら、逆らえません。

戦前は「官界での成功者が政党に乗り込んできて幹部になる」は普通にあり、占領期でも外交官出身の吉田茂が突然総裁になり、大蔵次官の池田勇人を当選一回で蔵相に抜擢とかやりましたが、政党の基本は年功序列です。当選回数がモノを言う世界。

日本では下手に抜擢人事を行うと命取りになります。田中角栄は後藤田正晴などを抜擢したので、不満をため込んだ後の竹下派七奉行（橋本龍太郎・小渕恵三・梶山静六・羽田孜・渡部《なべ》恒三《こうぞう》・奥田敬和・小沢一郎）らに反旗を翻されます。

そんな歴史から学んだのか竹下は抜擢人事が驚くほどありません。強いて言えば、官房長官になりたかった小沢一郎を官房副長官にしてしまったので小沢が怒って脱派脱党につながったとの説があります。竹下としては、いずれ小沢を長官にしようと思っていたけれど、内閣がリクルート事件であっけなく飛んでしまったので、できなかったのだとか。

郵政解散、イギリスでは普通のこと

平成十七（二〇〇五）年、参議院で郵政民営化法案が否決され、衆議院を解散し、選挙が行われました。日本では何かと評判が悪い郵政解散ですが、政権の命運を賭けた法案が参議院で否決された時、衆議院を解散するのはイギリスでは普通です。イギリス留学経験がある小泉も、本人にそれらしい発言はありませんが、イギリス流に解散したつもりだったのではないでしょうか。

そして、このときは小選挙区制です。小泉は全選挙区に郵政民営化に賛成の候補を立てると言って実行しました。昭和五十一（一九七六）年衆議院選挙（三木おろし、ロッキード選挙）のときと異なり、有権者はどうすればいいかわかっていました。自民党が八四議席を増やし、衆議院のほぼ三分の二を占める圧勝となりました。「全選挙区に郵政民営化に賛成の候補を擁立」しているのですから、その人に投票したら小泉首相を支持したことになります。小泉首相の自民党が勝てば、郵政民営化法案が通るのだなとわかります。対して、三木おろしの時には、誰に投票したら三木首相を支持したことになるのか、仮に自民党が勝ったら政治改革ができるのか否か、さっぱりわかりません。

どんなに世の人々が怒っても田中派議員を落とせなかった昭和五十一（一九七六）年衆議院選挙とは隔世の感があります。郵政選挙では落としたい議員を落とし、かつ、通したい議員を通すことができました。ノスタルジックに「中選挙区制のほうがよかった」と語る人がいますが、昭和五十一年の三木おろし選挙を思えば、中選挙区制がそんなによかったとは口が避けても言えないのではないでしょうか。なんだかんだ言っても小選挙区制は選択肢があるだけマシです。

なお、小泉は現職総理のときも月一回、松野頼三という三木の軍師に教えを請うていたといいます。三木の失敗にも大いに学んでいたことでしょう。

小泉内閣時代には政治改革が少し進みました。問題は日本国憲法には構造的欠陥があり、衆議院と参議院がねじれると政権運営ができなくなることです。自民党は第一党ではありますが、前年の参議院選挙では民主党が票をのばし、議席の三分の一を占めていて、拒否権集団となりえます。しかし、衆議院で三分の二を確保しているので何とかなりました。

この小泉内閣以降、パッとした政権はありません。続く第一次安倍内閣はあまりにも政権運営が稚拙でした。福田内閣は単なるワンポイントリリーフ。麻生内閣はリーマンショックの対応がなっておらず地獄絵図に。その後「悪夢の」民主党政権を経て、結局何もできなかった安倍長期政権を菅内閣が短期間引き継ぎ、岸田内閣の今があります。

麻生おろしならず。総理を辞めさせる方法はない

リーマンショックの対応の不備があった麻生内閣では、現職閣僚の与謝野馨《かおる》財務大臣や石破茂農水大臣による「麻生おろし」の動きもありました。しかし、総理大臣が「辞めない」と頑張れば、辞めさせる方法は選挙しかありません。

菅義偉首相の場合は選挙に勝てないとされ、辞任しましたが、本人が承諾しなければ、そのまま首相で居続けることができました。古くは三木武夫のように野垂れ死にするまで続けた人もいます。

最後まで権力を持ち続けた首相・元首相は竹下登と小泉純一郎と、強いて言うなら池田勇人ぐらいでしょう。中曽根は余力を残してやめたつもりだったけれどもリクルート事件というハプニングが起こり、政界再編の波にさらわれた格好です。

小泉は郵政改革をやりきってサッとやめたので、権力にしがみついた印象はありません。目的のある政治家は、その目標を達成するとエネルギーを失ってしまうようです。竹下は何もやりたいことがなかったので、いつまでもエネルギーが残っていた。そんな竹下のようになりたい人が多くて困ります。

また、小泉は意中の人物に禅譲できた、史上唯一の自民党総理です。「次は君だ」との約束が自民党総裁選で果たされたことなどまずありません。そもそも約束を守る気がないか、約束を守りたくても守れない人たちのオンパレードです。しかし、小泉は意中の安倍晋三にバトンタッチしました。いちおう選挙はやりましたが、郵政法案が通った後は「次は安倍」で動いていました。

このように強い総理ではありましたが、小泉改革は劇薬で終わっただけ。結局、自民党を延命させただけです。

その八　「これでいいのだ」の安倍政治

麻生内閣の後。民主党政権が誕生し、自民党は再び下野することとなりました。自民党はこのまま十年ぐらい野党生活を続けざるをえないと思っていたところ、民主党が組閣も満足にできない状態を見て「政権は、またすぐに戻ってくる」と確信したとか。

しかし、すぐには戻らず三年半かかります。民主党政権三年半の最大の立役者は谷垣禎一《さだかず》自民党総裁です。竹下は十カ月で新党から政権を取り返しましたが、谷垣は民主党を三年半も延命させました。

民主党政権がどれほどグダグダで政権担当能力がなかったか、そして、その民主党から政権を取り戻せなかった谷垣のふがいなさについての詳細は小著『沈鬱の平成政治史　なぜ日本人は報われないのか？』（扶桑社新書、二〇二二年）に譲るとして、自民党総裁に安倍晋三が就任した瞬間から状況が変わりました。安倍が総裁に就任したのが平成二十四（二〇一二）年十月、自民党が政権を取り返し第二次安倍内閣が誕生したのが同年十二月です。谷垣はいったい何をしていたのでしょうか。

早々に政権を取り返したあたりは谷垣より有能と言える安倍ですが、その後の政権運営には功罪相半ばするものがあります。

安倍内閣が長く続いた理由は以下の通り。

①自民党内に拒否権集団を作らなかった＝麻生・二階に逆らわなかった。
②官僚（経産省・警察&安全保障官庁・法制局・財務省・検察庁）を敵に回さなかった。
③野党が弱すぎた。

まず①ですが、麻生は財務省と緊密なつながりのある政治家です。二階は親中派と目されていて、安倍とは思想傾向が逆の政治家と見られていました。ただし二階は、親中派との非難を受けることが多いものの、安倍内閣では特に親中的な姿勢を見せたことはありません。

一方、麻生はアベノミクスにことごとく楯突きました。しかし、安倍・麻生同盟が優先されて、アベノミクスが中途半端に終わりました。麻生・二階と組めば政権は安定するかもしれませんが、そこに意味があるのかは大いに疑問です。

②は①とも重なります。アベノミクスを始めたとたんに景気は爆上げ。アベノミクスの理

論的支柱であった岩田規久男日銀副総裁の理論によれば、二年で景気回復するはずとの見通しで、最初は予想通りの軌道に乗っていました。ところが「消費増税だけはしてはいけない」という岩田副総裁の言に逆らい、財務省に屈して一〇％に増税したから、アベノミクス効果が失速したのです。自らの政権基盤を切ってくれる安倍など、官僚からしたら何も怖くない。二回も増税してくれた安倍政権には財務省も御の字でしょう。

安倍内閣で首相官邸に入り込めたのは経産官僚と警察官僚でした。首相官邸を切り盛りしていたのは、経済産業政策に強い秘書官のち補佐官兼務の今井尚哉《たかや》。官邸を歩けば経産省に当たると言われるほど経産省とのつながりは密でした。また、杉田和博官房副長官と北村滋国家安全保障局長は警察庁の出身です。つまり、安倍政権は経産省＆警察庁内閣だったのです。

安倍は内閣法制局も支配下に置こうと小松一郎を送り込みましたが、いびり殺されたようなもの（詳細は小著『検証　内閣法制局の近現代史』光文社新書、二〇二一年）。その後は、政権側が内閣法制局の言いなりに。安保法制で集団的自衛権が問題となりましたが、提出された法案は法制局の見解通りです。

安倍政権は、検察庁に対してさんざん人事介入し、支配できているかと思われましたが、最後の最後には検察庁がキレました。令和二（二〇二〇）年一月、黒川弘務・東京高検検事長の定年延長を閣議決定したのをきっかけとした「黒川騒動」が命取りになります。同年九月に安倍長期政権は終わりを告げたのでした。

③野党が弱すぎた、は毎度のこと。一〇〇議席を超えたのは最後だけです。逆にその一〇〇議席を超えていない野党といい勝負をしていた安倍内閣とは何なのでしょうか。

歴代内閣の業績

吉田茂　サンフランシスコ平和条約。日本の独立を回復。
鳩山一郎　日ソ共同宣言。シベリア抑留者五〇万人の奪還と国連加盟による国際社会への復帰。
岸信介　日米安保条約改正。一方的植民地状態から脱する。
池田勇人　高度経済成長。日本を経済大国にする。
佐藤栄作　小笠原・沖縄奪還。戦争で取られた領土を交渉のみによって奪還する。

どんな批判的な人でも、以上五人の業績を否定する人はいないでしょう。その後の内閣は評価の分かれるところですが、いちおう挙げておきます。

田中角栄　日中共同宣言。
中曽根康弘　三公社（JR・NTT・JT）民営化。
小泉純一郎　郵政民営化。北朝鮮拉致被害者奪還。
安倍晋三　？？？

田中の日中共同宣言には問題はありますが、業績は業績です。中曽根の三公社民営化は業績として数えるかどうか迷いましたが、いちおう入れておきました。小泉純一郎の郵政民営化は、私は業績ではないと思っています。なぜならば、その後の民主党政権で骨抜きにされてしまったからです。本物の業績は政権交代があっても持続しています。政権交代でひっくり返るようなものは業績ではない。書き忘れではないことを表すために、表記の上、取り消し線を入れました。それに対して北朝鮮拉致被害者奪還は、残念ながら全員の帰還はなりませんでしたが、拉致を認めさせ、わずか五人であっても取り返した。そして、何より日本社会が変わりました。

さて、佐藤栄作内閣を超え、桂太郎内閣を超え、憲政史上最長となった安倍晋三内閣に、これらに匹敵する業績があるでしょうか。

令和元（二〇一九）年の安倍内閣最後の参議院選挙で、安倍は「あの悪夢の民主党政権に戻していいのか」と訴えかけていました。史上最長任期の総理大臣が、そんなことしか言えないのでしょうか。「オバマ政権、トランプ政権を問わずアメリカとの関係を良好に保った」「民主党政権時代よりも景気が回復した」、そんなものは業績とは呼べません。お話にならないほど政権担当能力のない政党よりはマシだったというだけでは、褒めるに値しません。

何もしていないからこそ長期政権に

令和三（二〇二一）年に、雑誌『ＺＡＩＴＥＮ』（十月号）が安倍晋三についての特集を組みました。

ワイド特集《私は「安倍晋三」を許さない》

◆白井聡「選りすぐりのバカを集めて体制化した〝愚者の王〟」

◆田村智子「〝逃げの安倍〟は証人喚問できちんと疑惑を説明なさい」
◆倉山満「最長政権でも何も出来なかった無能は政界引退すべし」
◆上西充子「〝ご飯論法〟を駆使する安倍晋三の〝詭弁《きべん》〟を伝えないメディア」
◆立川談四楼「東京五輪開会式を欠席した〝出たがり男〟の下心」
◆有田芳生「拉致被害者を利用して見捨てた〝冷血政治家〟」

錚々《そうそう》たる反安倍メンバーの中に交じって（笑）、私もインタビューに答えました。全員、安倍批判というところは一致しています。ただ、他の人は、「モリカケ」「桜」など安倍内閣が何か悪いことをしたという論調でしたが、私は「安倍さんは悪いことなんかしていませんよ。何もやっていないんですから」。記者さんが「言われてみれば」と納得していました。

逆に、何もしていないからこそ長期政権になったのです。いわば、ずっと総理大臣であり続けた竹下登です。そして、そんな安倍自民党政治の最大の支持母体は無能すぎる野党です。北野武さんが「首相官邸の神棚に蓮舫のブロマイドでも飾っとけ」と言っていましたが、さすがビートたけし。パヨクがいかにトンチンカンか、うまく表現しています。

その九　〝斜壊党〟は存在そのものが「憲政の変態」

ここまで自民党派閥政治についてお話ししてきましたが、自民党の最大の支持母体についてお話ししなければなりません。日本社会党です。私は、自民党の最大の支持母体は創価学会だと書いたことがありますが、訂正します。歴代無能な野党第一党こそが自民党の最大支持母体でした。なぜならば創価学会公明党が与党でない時期もあるからです。

民意を示す機会である選挙が機能するためには、少なくとも選択肢が二つ以上なければなりません。一つしかないというのはゼロと同じで選挙をやる意味がありません。ここが日本の戦後政治の大問題です。自民党がいかに腐敗しても「社会党に政権を渡す気か」と言われると、「まさか社会党に……」となってしまう。自民党政治に抗議するつもりで支持者でもないのに社会党に票を入れていた人もいましたが、社会党が政権をとらないことがわかっていたから安心して（?）投票できたという状況です。

三木武夫には一つ、よい話があります。終戦後まもなく、マッカーサーに総理大臣にしてやると言われた時のことです「アメリカにデモクラシーがあるなら、日本には憲政の常道がある」と言って二度も断ったのです。そんな憲政の常道の申し子である三木の、二十五年後のことでした。

昭和五十四（一九七九）年十月、大平正芳内閣の時に行われた衆議院総選挙で一般消費税導入への反発などもあり、自民党が議席を減らしました。大平の責任が問われます。この間、激しい派閥抗争が行われ、「四十日抗争」と呼ばれます。この時に三木は大平正芳に「退陣しろ」と迫りますが「だったら、社会党に政権を渡すのか」との返答に、「そこまで非常識なことは言っていない」です。

そしてその年の十一月に国会で首班指名選挙が行われるのですが、自民党から大平正芳と福田赳夫の二人が立つという前代未聞の事態になりました。もし社会党が候補者を立て、うまく調整できたら、与野党逆転のチャンスが大いにありました。ところが社会党はまるで日本政治の圏外にあるかのような扱いです。公明党は大平に、民社党は福田に付くのですが、誰も社会党を巻き込もうとしていない。結局、大平が指名され第二次大平内閣が発足します。

自民党の中で疑似政権交代をやるために社会党があるようなものです。そんなふがいない党であるため、平成六（一九九四）年に、衆目があっと驚いた自社さ連合政権成立で与党入り村山富市という社会党首相が出ますが、その後、社会党は急速にしぼんでいきます。

国民に政権交代恐怖症を植えつけた民主党政権

民主党政権の何が罪かというと国民を絶望させ、政権交代恐怖症を植えつけたことです。リーマンショック後、経験値がなく未知数の鳩山でもいいから麻生自民党は嫌だと、政権交代が起きましたが、あまりにも拙い政権運営で、やっぱり自民党しかないと国民に思わせてしまいました。

これまで二回、自民党が下野していますが、十五年に一度、政権交代が起こっている計算になります。そして、なんと今年（二〇二四年）は再び、その十五年目！

地方利益の代表である自民党は「創価学会に媚びへつらって、地方の有権者に利権を投げ与えておればいい。国民が本気で怒ることなどめったにない」とタカをくくっている。しかし、十五年に一度はあるのです。十五年という数字は偶然ではなく、前回の非自民政権の失敗を知らない世代が成長し有権者となっているからです。

立憲民主党にも立派な人はいます。特に現在、立憲民主党の若手中堅議員はかつて民主党が政権与党の時に何も美味しい思いをしていません。その後、下野してからは落選したりなど、塗炭の苦しみを味わっています。しかし、当時幹部だった人がのさばっていて、いまだに「民主党政権は素晴らしかった」などと異次元の歴史観を振りかざしているため、いつまでも「悪夢の民主党」と言われてしまい、気の毒なことです。そういうエイリアンが早く消えてくれないと、まともな人たちが浮かばれません。

令和六（二〇二四）年六月現在、立憲民主党の代表は泉健太ですが、泉おろしの動きもあります。

ある元民主党秘書との会話です。

元秘書「なんで泉さんは立憲であんなに嫌われているんですか？　真人間だからですか？」

私「質問に答えが含まれているのでは？」

国民が政治そのものに絶望してから五十年。

果たして選択肢はどこに？

第二部

あなたが日本の政治に絶望する十の理由

いわゆる「政治とカネ」の話、一言で終わりです。

税金を貰ってんだから、ちゃんとしろ！

問題は、この「ちゃんとした状態」が何なのかの定義がされないまま、政治とカネの議論が進むので、話が訳の分からない方向に行ってしまっています。

確かに、裏金は論外。しかも、政党助成法で税金から交付金をもらっているのだから、使途を公開するのは当たり前だし、不正があったら罰則があってしかるべきです。しかし、やった者勝ちの状態。

今年（令和六〈二〇二四〉年）三月は、税務署が大変だったとか。清和政策研究会所属国会議員の組織的継続的裏金作りが問題化されたにもかかわらず、政治家はほとんどが不起訴。税務署の窓口では「三〇〇〇万円以下は脱税じゃないんだよな？」とクレームをつける納税者が全国で多発。

税務署の職員さんには気の毒としか言いようがありませんが、政府与党が何のケジメもつけないのだから、問題は納税者ではなく、政府与党の幹部政治家にあると言わざるをえません。もっとも大半の国民は、目の前の税務署員さんに文句を言っても変わらないのだからと、大人の態度ですが、それでも自民党は「まさか立憲民主党に政権を渡すわけにはいくまい」「あの悪夢の民主党政権に戻したいのか」と高をくくっている。そして、その高のくくり方が事実で正論だから、なおさら国民は政治そのものに絶望するしかない。

じゃあ、どこに希望があるのか。

第一部では自民党の派閥の歴史を追いながら、あまり成功したとは言えない政治改革の歴史を眺めてきました。第二部では、平成の政治改革の成れの果てである今の日本政治の問題点を挙げていきます。

第二部では、「ちゃんとした状態」とは何かを考えてほしいのです。今の政治家はふざけすぎているとはいえ、企業の明朗会計のように潔癖であれば事足りるのか。

では、多くの人が考えているであろう、日本人が政治に絶望する十の理由です。思い込みではなく、現実を直視してから、処方箋を見つけましょう。

その一　政治とカネ——むしろショボくなった

平成の政治改革は中途半端ではありましたが、いちおう改善の方向に向かっています。時々出てくる金銭問題も、ショボい。

平成十九（二〇〇七）年、松岡利勝農水大臣が過剰に光熱費を計上したとして追及され首吊《つ》り自殺した事件がありましたが、問題の額は五年間で二八八〇万円です。

昭和五十一（一九七六）年のロッキード事件では、田中角栄に五億円が渡ったとされていますが、「角栄が五億円なわけないだろう（もっと受け取っているに違いない）」と言われたものです。それに比べると、大変にショボい。もっとも松岡大臣の件は裏がありそうですが。さすがに過剰な光熱費を計上してバレたぐらいでは、自殺しないでしょう。

また、第一部でもお話しした「二階俊博幹事長が約五〇億円を使った」は、権限に基づいて合法的に受け取った金額であって、賄賂ではありません。問題となったのは、その受け取りではなく「使途不明」です。しかも、政治活動費は使途を公開しなくてよいので、合法なのです。

政治と金に関しては、かつてのような汚さはなくなり、きれいになってはいます。その意味で政治改革はかなり進んだと言えます。しかし、ショボい形でときどき問題になります。たとえば政党助成金などの合法的なお手当は、汚いお金を受け取って政策を歪めないため、近代政党を作るために設けられた制度です。政党助成金をもらうために政党を作るなど、あってはならない姿です。

ところが、「政党助成金欲しさに政党を作る」の走りが、平成九年に細川護熙を代表として設立されたフロム・ファイブです。メンバーは名前の通り五人。政党助成金は「国会議員五人以上を有する政治団体」に配分されますので、何が何でも五人の国会議員を集めておこぼれにあずかろうとする人たちが後を絶ちませんでした。政治改革を始めた細川自身がこんなことをしでかすなど恥知らずもいいところです。しかも、結党から一カ月も経たずに解散しました。これでは、盗人《ぬすっと》に追い銭です。しかし、ショボい。

こういうことを言うと「ＮＨＫ党や参政党のような政党助成金を主財源としているミニ政党を潰すつもりか」と言われそうですが、そういう問題ではありません。まず、この二党を擁護しておくと、彼らはゼロから新たな政党を立ち上げ、制度を利用して生き残っているだけです。既存の政治家が組織いじりで税金泥棒をしているのとは異なります。そして、確かに、この制度がなくなったらＮＨＫ党や参政党には痛手でしょうが、「この党を残したいからこの制度は必要」のような話は制度論ではありません。制度の正当性は、別な話です。

国民の税金から政党に交付金を出す代わりに変な金集めをするな、と条件が企業団体献金の廃止でした。しかし、「五年後に廃止」で合意したはずが、なぜか今も続いている。

第一部の自民党の「派閥廃止」と同じことが起きています。すなわち、「派閥を廃止したんだから、個人献金に一元化を」と前と同じ額を受け取る。するといつの間にか派閥が復活しているので、個人と派閥の両方に献金しなければならなくなり、倍の額を払う。財界は、毎度のことだと頭を抱えていたのですが、政治家は関係なし。やめられない〝エクストリームスポーツ〟なわけです。

それと同じことを、政党助成金を受け取っていない日本共産党以外のすべての政党がやっていることになります。企業団体献金も政党助成金も受け取る、と。

しかし、平成の政治改革の時期はバブル崩壊で、失われた十年の真っ最中。長期不況で金が集まりにくくなったので、「前より倍の金を集める」とはいかなくなったようですが。

政党助成金を設けるなら企業団体献金を全廃しなければならない。そして、企業団体献金を残すのなら政党助成金を廃止しなければならない。現状では両方あるのです。これは、どちらかにしなければおかしいでしょう。

小選挙区制悪玉論を言う前に、こちらをなんとかすべきではないでしょうか。今のままでは政党助成金の意味がありません。

日本には政党法がない

政党のある国にはたいてい政党の要件を定める政党法があるものです。しかし、日本にはありません。唯一、申し訳程度に政党の定義が書いてあるのが政党助成法です。

政党助成法

（政党の定義）

第二条　この法律において「政党」とは、政治団体（政治資金規正法（昭和二十三年法律第百九十四号）第三条第一項に規定する政治団体をいう。以下同じ。）のうち、次の各号のいずれかに該当するものをいう。

一　当該政治団体に所属する衆議院議員又は参議院議員を五人以上有するもの

二　前号の規定に該当する政治団体に所属していない衆議院議員又は参議院議員を有するもので、直近において行われた衆議院議員の総選挙（以下単に「総選挙」という。）における小選挙区選出議員の選挙若しくは比例代表選出議員の選挙又は直近において行われた参議院議員の通常選挙（以下単に「通常選挙」という。）若しくは当該通常選挙の直近において行われた通常選挙における比例代表選出議員の選挙若しくは選挙区選出議員の選挙における当該政治団体の得票総数が当該選挙における有効投票の総数の百分の二以上であるもの

2　前項各号の規定は、他の政党（政治資金規正法第六条第一項（同条第五項において準用する場合を含む。）の規定により政党である旨の届出をしたものに限る。）に所属している衆議院議員又は参議院議員が所属している政治団体については、適用しない。

（この法律の運用等）

第四条　国は、政党の政治活動の自由を尊重し、政党交付金の交付に当たっては、条

件を付し、又はその使途について制限してはならない。

2　政党は、政党交付金が国民から徴収された税金その他の貴重な財源で賄われるものであることに特に留意し、その責任を自覚し、その組織及び運営については民主的かつ公正なものとするとともに、国民の信頼にもとることのないように、政党交付金を適切に使用しなければならない。

第二条「政党の定義」では、政党の要件として国会議員が五人いるか、得票率が二％を超えていることとしています。第四条「この法律の運用」に関しては、「好きに使え」と書いてあるだけです。韓国には「シンクタンクに使え」との条項があるのですが、日本にはそれもありません。

第四条第二項には「責任を自覚し」「民主的かつ公正」に「適切に使用」しなければならないなどと、いろいろときれいごとを並べていますが、そんなものはプログラム規定に過ぎません。単なる努力目標であって、これに違反したとして裁判に訴えるなど無理です。何をもって民主的でないとするのでしょうか。こんな曖昧な条項を根拠に裁判官が「お前の党の運営は民主的ではない」などと決めつけたら、民主政治の意味がありません。

そもそも、文明国には「私的自治の原則」というのがあって、可能な限り権力は民間の団体に介入すべきではないとする考え方があります。そうしないと、自由がないからです。政党は民間人でも結成できる団体でありつつ公に強い責任を負う団体です。選挙で選ばれているわけではない裁判官が好き勝手に介入するわけにはいきません。少なくとも今の日本の法体系では。

その判断基準や手続きを定めるのが政党法なのですが、日本にはそれがないのです。完全な欠陥です。

政党助成法とは、当然のことながら政党助成金を交付するための法律です。政党助成金の交付先団体として政党が規定されているだけであって、政党を定義している法律ではありません。

ドイツは憲法に相当する基本法の第二一条で政党について定め、その第二項では事実上、極右（ナチス）と極左（共産党）を禁止しています。

ドイツ基本法　第二一条第二項

政党で、その目的又は支持者の行動が自由で民主的な基本秩序を侵害し、若しくは除去し、又はドイツ連邦共和国の存立を危うくすることを目指すものは、違憲とする。

このように政党を真面目に定めた法律は日本にはありません。政党とは何かを規定せずに助成金の交付先団体としてのみ政党が存在するというふざけたことになっています。国民を完全になめています。まず、ここで怒りましょう。

政党の憲法的編入

政党に対する国家の態度として、①敵視、②無視、③承認及び法制化、④憲法的編入という歴史的段階を経るとするトリーペル（H. Triepel）の四段階説があります。まず国家は政党の存在を敵視する。次に無視する。しかし、そのうち容認し、ついには憲法的編入の状態に至るというものです。

憲法では政治のルールが決められています。民主政治においてプレイヤーは政党なのですから、ルールである憲法でプレイヤーに関する事項も決めておかなければならないのは当たり前の話です。

ちなみに、日本の政党は「承認及び法制化」段階にあると位置づけるのが通説（『シリーズ憲法の論点⑪』「政党」国立国会図書館調査及び立法考査局、二〇〇六年三月、五頁注）だそうです。

普通の国では、政党法は憲法附属法です。日本国憲法も変ですが、政党法がないこと自体に不備があります。憲法典に政党の存在を書き込むかどうかよりも大事なのは、まともな政党法があるかどうかです。政党法がない時点で、ちゃんと金を使ったかどうかの基準がありません。何がちゃんとしているのかの基準が、政党法なのですから。

なお、憲法附属法とは、憲法の条文を生かす法律のことです。典型的なのが、憲法九六条の附属法である国民投票法です。

第九六条

この憲法の改正は、各議院の総議員の三分の二以上の賛成で、国会が、これを発議し、国民に提案してその承認を経なければならない。この承認には、特別の国民投票又は国会の定める選挙の際行はれる投票において、その過半数の賛成を必要とする。

ここには憲法改正の手続きが書いてあります。衆参両院の三分の二の多数の他に国民投票での過半数が必要です。第一安倍内閣が平成十九（二〇〇七）年に制定した国民投票法は第九六条の附属法となります。

余談ですが、ここで疑問。つまり、憲法第九六条は、昭和二十二（一九四七）年の施行から、死文だったのです。つまり、占領軍が「お前ら憲法改正しろ！」と命令しても、国民投票法ができるまでは、改憲ができなかったのです。第一次安倍内閣で初めて第九六条は生きた条文となったのです。安倍晋三ほど立憲主義に則った護憲派の政治家はいません。

日本人は日本国憲法の前文と百三条の条文を憲法のすべてと思い込んでいますが、違います。重大な話ですので、小著『自由主義憲法　草案と義解』（藤原書店、二〇二四年）をどうぞ。

憲法には「政治のルール」という重要な側面があります。だから、「政治のルール」の根幹に関わるような法律は、憲法附属法です。たとえば、小選挙区制導入は憲法改正と同じです。政治のルールそのものが変わったわけですから。憲法典は変えていませんが憲法改正に等しい行為です。小選挙区制導入は公職選挙法の改正で行われましたが、同法は憲法附属法になります。ただ、この法律の細目を変えるのが憲法改正になるわけではありませんが、小選挙区制のような政権交代のあり方そのものを変えるような法改正は、憲法改正と同じことです。

話を戻して、政党法。別に、法律の形になっていなくても構いません。憲政の母国イギリスは、統一的な憲法典を持ちません。では、どんな運用をしているでしょうか。

イギリスの場合は、「陛下の野党」という考え方があり、国王がポケットマネーで野党第一党党首に資金提供します。「陛下の与党」「陛下の政府」は当たり前ですが、野党第一党も「陛下の野党」でなければならない。この考え方が徹底しています。

その二　腐敗防止が進みすぎ？　理解不能の謎ルール

政治改革のおかげで汚い選挙はマシになりました。しかし、腐敗防止は進みすぎたと言ってもいいのではないでしょうか。

香典を渡して代議士を失職という例がありました。

その昔、田中角栄という大金権政治家が、「香典だったら受け取りやすいだろう」と通常の一〇倍もの額を入れた香典袋を選挙区にバラばらまいたような歴史があるものですから、それはいけないとの規制なのでしょうが、お世話になった人やその家族が亡くなった時に香典を持っていくのは常識・礼儀の範疇《はんちゅう》です。常識的な額の香典も違反に相当するとは、そんな制度を誰が望んだでしょうか。

政治家も有権者も、もっと言って選挙管理委員会も、やっていいことと悪いことの境目がわからなくなっていることに問題があります。

公職選挙法について、新しく立候補する人は選挙管理委員会に何かと相談したほうがいいとされますが、選管の人も聞かれたところで怖くて教えられません。そのぐらい日本の公職選挙法は曖昧なのです。議員立法が積み重なってできている点もわかりにくい一因となっています。現職議員は自分が当選してきた制度を変えたくないので、そうなってしまいました。

公示するまで投票を呼びかけてはいけない。個別訪問は買収の温床となるので禁止。では何をすればいいのでしょうか。普段、活動してはいけない合理的理由は何でしょう。

その昔、「奄美《あまみ》選挙」というのがありました。奄美では選挙事務所に行くと一万円札入りのおにぎり（ラップにくるまった一万円札）をもらえたとか。「おにぎりの具が聖徳太子」と言われましたが、当時の一万円札の肖像は聖徳太子でした。

群馬三区では、「料亭福田」「中曽根レストラン」「ビルの谷間のラーメン屋の小渕」と、サービス合戦だったとか。選挙事務所で食べるものが悪ければ、「あそこの事務所はケチだ」と悪口を言い触らす有権者も。中選挙区制時代の選挙の裏技と悲喜こもごもを満載した傑作漫画に、ケニー鍋島原作・前川つかさ作画『票田のトラクター』全四巻（小学館、一九八九～九一年）がありますので、どうぞ。

ちなみに、「ここが変だぞ公選法」の一例です。へんてこな規制もたくさんあり、お茶の出し方にも文句をつけます。

飲食物の提供の禁止（公職選挙法第一三九条、第二四三条、一九八八～九〇年）

何人も選挙運動に関して、いかなる名義をもってするを問わず、飲食物を提供することはできません。

ただし、湯茶及びこれに伴い通常用いられる程度の菓子を提供すること選挙運動に従事する者・選挙運動のために使用する労務者に対して、一定の金額内（一人一食一〇〇〇円以内）の弁当を、一定の数の範囲内（一五人×三食×選挙運動期間日数）で食事をするため又は携行するために選挙事務所において提供することは認められています。

「通常用いられる程度の菓子」については、せんべいやまんじゅう、袋菓子の他、みかんやりんごなどの果物、漬物は認められますが、高級な和菓子やケーキ、酒、サンドイッチなどは提供できないとされています。

お茶や水を出す場合は、ペットボトルでそのまま渡すのではなく、湯呑や紙コップなどに注いでから出すようにしましょう。

「ボネクタ政治活動」より

ちなみに囲みは「ネット選挙対策ツール　ボネクタ」がまとめた文章で、本物の公職選挙法一三九条および二四三条ははるかに煩雑です。

湯呑みに注《そそ》げばいいが、ペットボトルはダメ。選挙事務所に訪ねて来てくれた有権者にお茶を出すにも買収かどうか、考えなくてはならない。では、カツ丼は出していいの？　ダメなの？　どういうふうに出せばOK？　ネット広告は？　いつならいいの？　そんなことに気をつかわなきゃいけない。そんなのは、どうでもいいことです。

もちろん「買収してはいけない」はわかります。金品で有権者の投票行動を左右してはいけない。そこが大事なのであって、お茶の出し方のようなくだらない規制を設けることには意味がありません。

むしろ街頭遊説のほうがやめるべき選挙活動です。元総理の安倍晋三が暗殺され、現職総理である岸田文雄が殺されそうになったのですから。今後も似たような事件が起こり得るでしょう。

その三　選挙制度——小選挙区制悪玉論は素人談義

小選挙区制は一選挙区につき一人しか当選できません。かつての日本では中選挙区制（単記）が用いられ、各選挙区から二人以上、おおむね三～五人が当選していました。なお、単記制では一人が一人の候補者しか書けません。

この中選挙区制は人類最悪の制度です。これがどれほど愚かな制度か、第一部で見ましたが、大事なことなので再確認します。

定数（当選者）二名とすると、三四％の支持を得れば確実に当選しますし、一位が八〇～

九〇％、つまり圧倒的な支持を得ていたら、一〇～二〇％でも二位当選してしまう。定数が多いところでは計算が複雑になりますが、かなり低いパーセンテージで当選できることになることはご想像いただけるでしょう。

つまり中選挙区制は、票割りが上手な党が勝つようになっているのです。票割りとは支持母体の票を各候補に割り当てる作業です。組織票はほぼ完全に予測可能。浮動票はやや難しいですが、なんとか予測して票割りします。似たような候補者を立てすぎると票が割れて、ひどい場合は全員が落選してしまいます。

ちなみに、昨年（令和五〈二〇二三〉年）の統一地方選で維新の会が多くの選挙区で一位～二位を二人占めたのは、票割りができていないということです。支持を得ているのはいいことですが、票割りがうまくできれば、当選しなかった選挙区の成果を改善でき、もっと多くの議員を当選させることができたでしょう。大阪でこそ無敵の強さでしたが、他の地方に進出する際は手探りです。この時の統一地方選では風が吹いたけど、こういう結果になりました。

さて、だからといって小選挙区比例代表並立制が、バラ色の制度ではありません。

よく言われるのは、小選挙区で落選した候補者が比例で復活することです。選挙区民としては、「落としたヤツが、なんで受かっているんだ?」です。たしかに、そこは問題なのですが、わかりやすい制度は多数派に有利となり、少数派に配慮すると複雑になります。

単純小選挙区制にすると多数派に有利となります。イギリスが、この制度を取っていますが、政権交代を起こせる二大政党制なので「頑張って多数派になれ」というシステムです。

第三党に異様なまでに不利な制度ですが。労働党に二大政党の一角を奪われてからの自由党(現・自民党)は、支持率では負けていないのに、常に獲得議席は大差の少数派です。

ちなみに、イタリアは小選挙区制を導入しても多党乱立が収まりませんでした。サッカーチームごとに違う国のようなところなので地域政党が強いのです。維新の会が一〇党ぐらいあると思ってください。

そのように見てくると、選挙制度の問題というよりも、日本の場合は、野党が乱立して自民党に対抗できる政党がないことのほうが大きな課題かもしれません

創価学会を支持母体とする公明党はうまく生き残りました。自民党と連立することによって、小が大を呑み込む格好になったのです。しかし、公明党にしても一朝一夕にそこまでたどりついたわけではありません。創価学会という岩盤支持層を持つ公明党ですら苦労してきたのですから、他の党が簡単に真似できる芸当ではありません。

もっとも、野党側にも似たような構造問題はあり、与党で当選候補を決めるのが公明党なら、野党で当選候補を決めるのは共産党です。これは制度の問題ではありませんが、党によっては陰に日なたに共産党の協力を仰いでいます。

小選挙区制に比例代表を交ぜることによって単純小選挙区制よりわかりにくくなったのは制度上の問題です。小選挙区比例代表並立制によって単純小選挙区制よりも得票率以上に議席率が高くなる党が出てくる可能性もあります。

比例代表制では政党の得票率によって当選者の全体数が決まります。そして、実際に誰を当選させるか、その決め方には拘束名簿式と非拘束名簿式の二通りの方法があります。日本では衆議院選挙では拘束名簿式、参議院選挙では非拘束名簿式を採用しています。

拘束名簿式では党の幹部が作成した名簿の上位者から順に当選が決まります。つまり事実上、幹部が当選者を決め、公示日に選挙は終わっているようなものです。実際にランキング上位者には選挙活動をほとんどしなかった人もいます。それが民主主義かという疑問がある一方、幹部の統制力が強いことは近代政党への一歩でもあります。

非拘束名簿式では、有権者は政党または立候補者を書くことができ、当選させたい候補者を有権者が選んでいる形となります。

今の衆議院の比例復活は中間的です。最初に政党は順位をつけます。ただし、同率順位でも構いません。たとえば、そのブロック内の小選挙区で出馬している候補一五人を同率一位にして、小選挙区での惜敗率により順位をつける。その党の比例での惜敗率によって、順位を確定させる。一五人中五人が小選挙区で受かっていたら、残り一〇人の中で最も惜敗率が高い候補が当選です。つまり、政党（幹部）が順位をつけているのは確かなのですが、最終的に当選者を決めているのは選挙区の有権者なのです。落としたい候補を比例復活も許さないほどの大差で負かすという判断を下せるので。

「比例復活が実は合理的」というのは、政治学の授業で「一見わかりにくいけれども、少し説明したらわかってくれる政治の現象」の典型例として使えます。かつての参議院選挙で、比例名簿を政党幹部が決めて、公示日には大まかな当選者と落選者が決まっていて、当落線上で戦っている（＝有権者が選べる）候補者は真ん中の人だけ、のようなふざけた選挙よりは、はるかに合理的ではあるのです。

ただし、極めてわかりにくい。

比例復活がよくないとなると完全小選挙区制しかありませんが、耐えられない議員・政党が大量発生しそうです。

その四　自民党総裁選――かなり改善されたが……

昭和時代の自民党の派閥争いが、いかにえげつなかったかは第一部でお話しした通りです。しかし、自民党が下野してからは変わりました。野党になっての総裁選は、利権もポストも得られないので、実にクリーンな選挙です。自民党の各国会議員が自ら考えて投票しました。

平成五（一九九三）年の総裁選では、派閥の領袖で次の総理最有力と言われた渡辺美智雄を、派閥の領袖でも何でもない河野洋平が破りました。ミッチーさんには首相になってもらいたかったし、河野洋平そのものは、まったく評価しませんが、こういう形の総裁選が行われたこと自体は高く評価したいと思います。やはり野党になると、改革は進みます。

平成七（一九九五）年総裁選は、竹下登が推した橋本龍太郎が「チャレンジャー」のつもりで名乗りを上げたら、他派閥が雪崩現象を起こして橋本支持に。それを見た現職総裁の河野が敵前逃亡しました。これでは無投票で総裁選が盛り上がらないと思いきや、第二派閥の三塚派から小泉純一郎が出馬しました。しかし、自民党のタブーである「郵政民営化」を主張し、党内の雰囲気は「あいつだけはやめてくれ」。「郵政民営化」以外にも「全国特定郵便局長会一二万人に逆らえなくて創価学会二五〇万人に逆らえるのか」「憲法九条改正は難しいから八九条から行こう」のような過激な発言もありました。

ちなみに日本国憲法八九条とは「公金その他の公の財産は、宗教上の組織若しくは団体の使用、便益若しくは維持のため、又は公の支配に属しない慈善、教育若しくは博愛の事業に対し、これを支出し、又はその利用に供してはならない」です。

この時の小泉は三〇四対八七の大差で橋本に敗れています。

しかし、その六年後、平成十三（二〇〇一）年には、ほとんどダブルスコアで橋本に勝利します。このときも「郵政民営化」を絶叫。選挙は非常に盛り上がり、テレビジャックしました。

あれから二十年以上経っていますから若い人は知らない、あるいは、覚えていないかもしれませんが、小泉が勝利した総裁選は後にも先にもないほどの熱狂ぶりで「小泉フィーバー」と呼ばれました。

平成時代以降、幹部だけで決めるのではなく、党員にも開かれた選挙で総理・総裁を決めるという文化が定着してきました。普通の日本国民が支持層の自民党ですから、こうした総裁選を通じてアピールできるようになったことは党のイメージアップにつながります。自民党の総裁選びに関しては、改革は相当に進んでいると言っていいでしょう。

昔の総裁選は、「飲ませ食わせ抱かせ」でいつの間にか常軌を逸した買収合戦になり、それをやめようと「クリーン三木」を選んだ総裁選は密室談合の極みの椎名裁定。

そんな時代よりは、はるかに健全化しました。

小選挙区制は選挙に勝てる総理・総裁を選ぶシステム

小選挙区制にした理由のひとつとして、選挙に勝てない総理・総裁を選べないことがあります。小選挙区制とは怖い制度で、政権与党であったカナダ進歩保守党が解散前の一五五議席からわずか二議席に減ったという例があります。国民の支持を得られる総理総裁でないと選挙に勝てない。だから一九九五年や二〇〇一年の総裁選は盛り上がったのです。

中選挙区制ではボス政治家は絶対に落選しませんし、自民党は基本的に負けません。だから談合で総理・総裁を決めていたのです。小選挙区制のもとでは自民党といえども下野・落選の危機があるので、緊張感が保たれます。

小選挙区制になってから談合で総理総裁を決めたのは小渕恵三首相の病気退陣・死亡というハプニングを受けた森喜朗のみ。案の定、森内閣の総選挙は大敗北を喫します。

そのため、大派閥の領袖でありながら額賀福志郎は総裁選に一度も出ていません。三塚博も中選挙区時代に一度出たきりで、小選挙区になってからは永遠の中間派です。

逆に派閥の領袖でなくても首相になれます。安倍晋三首相の所属派閥は「細田派」でした。「安倍派」になったのは首相退陣後です。本人が暗殺された後も「安倍派」なのは奇妙としか言いようがありませんが。

少し余談ではありますが、令和三（二〇二一）年の総裁選候補者はある意味で自民党を象徴する顔ぶれでした。最終的に総裁に選ばれた岸田文雄のほか、河野太郎、高市早苗、野田聖子が立候補。高市と野田では、まったく主張が異なります。この二人がどうして同じ党に所属できるのか、誰にも理解できない。

もっとすごいのが立憲民主党で、高市より右も、野田より左もいる。包括政党にもほどがあるというのが我が国の二大政党の問題点でもあります。

選挙が多すぎる日本

昔、アメリカのドナルド・トランプ大統領が「お前の国では毎年選挙があるのか」と聞くと、安倍晋三首相が「そうだ」と答えたとか。事実です。


平成二十四（二〇一二）年　衆議院選挙。政権返り咲き。

平成二十五（二〇一三）年　参議院選挙。長期政権の安定を築く。なのになぜか消費増税。

平成二十六（二〇一四）年　衆議院選挙。消費税再増税の延期を問う。全野党が延期に賛成なのに。

平成二十七（二〇一五）年　自民党総裁選。無投票再選だが、安保法制で一年が暮れた。

平成二十八（二〇一六）年　参議院選挙。再び増税延期の信を問う。

平成二十九（二〇一七）年　衆議院選挙。モリカケスキャンダルがやまず。

平成三十（二〇一八）年　自民党総裁選。現職総理大臣なのにダブルスコアでしか勝てず。

平成三十一（二〇一九）年　参議院選挙。増税を公約に。

平成二十七（二〇一五）年は、結果的に無投票でしたが、総裁選を見据えての政局でした。こんなに選挙が忙しくて政治ができるのか。日本は選挙が多すぎます。

日本の総理大臣は、衆議院選挙のほかに総裁選と参議院選挙を気にしなければなりません。憲法上、総理大臣の権限はこれ以上強くしようがないほど強力です。ただし参議院選挙に勝って多数を得たならば。総理大臣は衆議院の首班指名で選ばれますから、衆議院の多数を得ています。しかし、参議院で野党が多数ならば、法案は通らず、総理大臣はやりたいことが何もできません。平成の総理大臣の多くは、参議院で多数を得られずに退陣に追いやられました。

そして、総理大臣の任期中に、与党の党首選挙を行うのは日本ぐらいではないでしょうか。

イギリスでは、一回の総選挙で勝てば、次の選挙まで五年間、権力を握れるようにしています。途中で解散する必要はありません。総選挙をやれば必ず自民党が勝つ文化が定着している日本で「総理大臣の任期中は総裁選をやめよう」などと言っても、通らないでしょう。

逆に野党が言っても「政権とる可能性がないのに」で終わりかねません。

この点、日本維新の会は規約第七条四項で「代表は、前項前段の公職選挙の投票日から四十五日以内に、代表選挙を実施するかどうかを議決するための臨時の党大会を開催するものとする」と定めています。前項前段の公職選挙とは、衆議院選挙・参議院選挙・統一地方選挙です。仮に政権党になった場合は、総理大臣を代表選挙で引きずりおろすことは制度上ありえません。他の党も倣ったほうがよい制度だと思いますし、日本維新の会が総理大臣を出す政権与党になった時にも変えないでいてほしい制度です。

どうしてこんなことを言うか。

昭和五十四（一九七九）年の大平正芳内閣における四十日抗争は、世にも醜い政争と化しました。大平の二代前の三木武夫は二四九議席しかとれずに退陣。大平（と福田）は三木が衆議院を解散しようとしたのに反対、任期満了選挙の果ての自民党敗北でした。

その次の福田赳夫も解散しようとしたけど、党を預かる幹事長の大平が反対。福田は断念（というより、そんなことしなくても総理大臣が総裁選で負けるはずがないと油断）し、初の党員参加の総裁選で大平に敗れました。

その大平は首相になると、福田や三木が反対するにもかかわらず、解散を断行。二四八議席の敗北でした。

この状況にもかかわらず、大平は居座り。最後は、首班指名選挙に自民党から大平と福田の二人が立候補、大平の野党も巻き込んだ工作により僅差《きんさ》で勝利して、続投しました。

この際、「党員の選挙で選ばれた総裁を総選挙で負けておろすのか」という議論まで飛び出しました。本末転倒です。どこの共産国か？　共産主義の国は一党独裁で、共産党員はエリート集団です。それと一緒になっていることに気付かない時点で、どうかしています。言うに事欠くにも程がある。

あげく、総理大臣と自民党総裁を分離する「総理・総裁分離案」なども出てくる始末です。この「総総分離論」は、この時代の政争が激しい時に妥協案として常に飛び出していました。総選挙により国民に選ばれた第一党の総裁が国の最高責任者である総理大臣になる。これを「憲政の常道」と言います。「総総分離論」は「憲政の常道」の否定ですから、議会の自殺行為です。

「憲政の常道」の源流は、イギリス憲政です。「総選挙により選ばれた政党の総裁は、次の総選挙まで総理大臣として思う存分、自分のやりたいことをやってよい」との考え方です。政治家の権力欲を否定などしない。いかに公正なルールのもとで発揮させるかを考えるのが、イギリス人の発想です。

戦前日本は立憲政友会と立憲民政党が二大政党で、自民党のような政党が二つあって政権交代していました。ところが、五五年体制では総選挙は常に自民党が勝つので、実質的に総理大臣を決める選挙が自民党総裁選になり、国民全体が参加する総選挙より重視する倒錯が起きているのです。

その総裁選も、実に恣意的でした。

平成元（一九八九）年、宇野宗佑が総裁に選ばれた経緯は誰にもわかりません。若手の亀井静香が山下元利《がんり》を立候補させようとしたら、いつの間にか両院議員総会が始まり、亀井らが怒号を上げるので「シャンシャンの拍手で承認による全会一致」ができずに、起立の多数決で選ぶ大混乱。しかし、亀井らの意志は通りません。竹下登が「総理総裁を宇野に譲る」と決めて、あとはセレモニーで、亀井はそのセレモニーを邪魔しようとした総会屋扱いでした。どう考えても亀井の行動のほうが正しいのですが。

悪名高い「五人組の密室談合」のほうは、かなりマシです。小渕恵三首相の急病により、後継を決めねばなりません。これに、青木幹雄官房長官・野中広務幹事長代理・森喜朗幹事長・亀井静香政調会長・村上正邦参議院会長の五人が談合、森後継を決めたと言われますが、正規の手続きで両院議員総会を開いています。反対派が立てばよかったのに、誰も立ちませんでした。このあたり、亀井は若い頃に竹下に蹴散らされた苦い過去があるので、手続きだけはちゃんとしようとの意思があったのでしょう。

今は「新総裁（総理大臣）を選ぶ時は、総裁選をやろう。フルスペックかどうかは別として」という空気が定着しています。安倍晋三首相が病気を理由に退陣した時はコロナ禍《か》の真っ最中だったので、どこまでの規模で行うかは議論になりましたが、選挙による正統性の確保をしなければならないとの意識は根付いています。

大昔は、首相公選制を唱える人もいました。古くは中曽根康弘が「恋人と総理大臣は私が選ぶ」とのキャッチコピーで訴えました。小泉純一郎も首相公選論者だったのですが、総理就任後、わずか三十分の会合で現行制度のほうがいいと納得したそうです。首相公選制ではアメリカ合衆国の大統領と議会のように行政府と立法府とのねじれが生じる可能性がありま す。議院内閣制では衆議院選挙によって首相を事実上選ぶので、立法府と行政府は融合していて、衆議院の総選挙ですべてが決まります。あらかじめ党首選挙で国民が党首を選び、第一党の党首が首相になる、であれば民主主義が成り立ちます。

とはいうものの、問題は選挙がありすぎることです。衆議院・参議院の選挙制度は国法で決まっていることなので変更するとなると大掛かりですが、総裁選の時期や人選びは党内で決められます。

選挙で勝てる党首を選ぶと、鈴木善幸のような「なんであの人が？」という首相が生まれにくいですが、人気だけでも困ります。総理大臣とは国を率いる人です。国の最高指導者に適した逸材など、そこらへんにゴロゴロころがっていません。毎年のように出てくるものではないのです。自民党には、そういう自覚が足りません。そんな議論すらなく今まで来てしまいました。三角大福中や安竹宮の時代は自民党は万年与党でしたから「政策が変わらないのだから、みんなで代わりばんこにやればいい」という感覚でした。

その文化、小選挙区制の導入で大きく変わりました。小選挙区制は国民世論の影響を受けやすいので、国民が本気で怒れば一気に政権交代が起きやすいのです。だから、自民党は総裁（総理大臣である）に、国民的人気のある人しか据えなくなりました。

典型的なのが、緊急登板の森喜朗が不人気だとマスコミの寵児の小泉純一郎に代える、ワンポイントリリーフの福田康夫で総選挙をするわけにいかないから世論に人気のありそうな麻生太郎に代える、の二例です。ちなみに、菅義偉首相は「菅では総選挙を戦えない」と燎原の火の如く菅おろしが広がり引きずりおろされましたが、「相手が枝野幸男ならばわざわざ河野太郎を総理大臣にする必要はない」と岸田文雄が後継総裁になりました。
これは小選挙区制の効用であり、自民党はそういう意味では改革しています。

党首は総理大臣を目指せ

なんだかんだ言っても自民党は党首選挙があるだけ、そして、党首が首相になるつもりがあるだけマシです。民主政治を行う上で問題が山積みなのは、野党のほうです。党首選挙がない党もありますし、選挙があっても党首が本当に首相になる（気がある）かどうかよくわからない党もあります。

党首選挙がえげつなかったのも自民党だけではありません。あまり知られていませんが、社会党の委員長選挙は自民党総裁選よりもひどかった。自民党の派閥には、特に三角大福の時代など、政党なみの統制力があるので、あまり裏切りが出ませんでした。しかし、社会党時代は派閥を丸ごと買収するなんて普通でした。派閥の領袖を一本釣りした事例も。浅沼稲《いな》次郎《じろう》など右派の領袖だったのに、左派に担がれて委員長になり、周りは全員が昨日までの敵で昨日までの友からは裏切者扱い。家族にもあきれられ、「友達は犬だけ」などと揶揄《やゆ》されました。さすがに「家族が見捨てた」は誇張のようでしたが。

そう言えば、立憲民主党の泉健太代表も、しばしばSNSにウサギと戯れている写真をアップしています。悲しいことがあった時にアップしているのでしょうか。ちなみにテレビ番組で子どもたちに「存在感がない」と言われていました。悲しい……。

現在の立憲民主党は、二〇一九年総選挙で敗北して、党創業者の枝野幸男代表が退陣。「党を割らないためだけの人材」として、泉健太を党首にしました。

また、「(党首選挙などに) 負けると脱党」もよくある話です。令和五 (二〇二三) 年、国民民主党の代表選挙で玉木雄一郎と前原誠司が立候補し、玉木が選出 (再選) されると前原は離党しました。

維新の会は必要な時にしか党大会・党首選挙を行いませんが、それは良いこと。ただし、維新の問題は、大阪府議・市議の力が強すぎることです。この党は、国会議員と地方議員が同等の一票というのはどうなのでしょうか。長らく、大阪府議・市議だけで党の過半数の勢力でした。

共産党や公明党に総理大臣を目指す意識があるのかは不明です。この人たちは、近代政党ではあるのですが、理念が国民の多数に受け入れられるわけではないので、国民政党ではありえません。

NHK党のように最初から「目指さない」と宣言している党もあります。シングル・イシューの政党なので、それはそれで一つのあり方でしょう。

れいわ新撰組は、山本太郎代表が参議院選挙に初当選、議員数一人の政党だった時にインタビューで「総理大臣を目指します」と堂々と答えていました。インタビュアーは「なぜあなたが、本気ですか」と顔に書いてあるような怪訝《けげん》な表情をしていましたが、「政党を率いて国会議員になった以上、当然だと思います」と答えていました。れいわ新撰組の政策や行動は私には理解しかねる点が多々あるのですが、この姿勢は立派だと思います。

自民党総裁選に勝った者だけが総理大臣になる資格があるという、他の政党を二軍扱いする文化が、自民党政治家以外にも浸透しているのは、不幸だと思います。自民党にとっても。

自民党の総裁選は改善され、前よりは格段にクリーンで透明性のあるものになったし、総理大臣になるつもりがある人しか党首選挙に立候補しません。そして、党員は党首選挙において総理を選ぶのだという自覚があります。

それに比べると、野党のほうが大いに問題です。立民・維新・国民の党首に私が強調したいのは、「主要政党の党首というのは総理大臣候補であって、野党のまとめ役じゃないんですよ」です。個人的に、泉健太・馬場伸幸・玉木雄一郎の三党首にはインターネット番組のインタビューなどで申し上げてきました。三方とも立派な方ですが、それぞれの党が、そういう体制になるには、かなりの改革が必要でしょう。

その五　自民党の派閥――なぜ田中角栄ブーム？

田中角栄はロッキード事件で有罪になった刑事被告人、汚職政治家の代表格です、その田中が、今となっては「角栄さんはすごかった」という評価になっているのは不思議です。政治と金の問題が再び脚光を浴びている二〇二四年夏現在でも角栄をもてはやす人がいます。今の政治家はもらう額がショボくなったとでも言いたいのでしょうか。

ひところ出版界に「田中角栄ブーム」のようなものがありましたが、角栄を懐かしがる人々の心の底には、現代政治家が小粒であることへの不満がたまっているのではないでしょうか。

たしかに田中角栄は、すごい政治家ではありましたが、功罪相半ばするどころか罪のほうが大きいぐらいの人ですから情緒的に懐かしがっている場合ではありません。もっと冷静になりましょう。

角栄は数値化できることには強い人でしたが、抽象的思考能力はゼロです。選挙における票数・議席数やお金の話は強いし法律なんかは得意だったけれども、たとえば「天皇は国家元首か否か？」と聞かれたら思考停止。そういうのは、内閣法制局の言いなりで、その善し悪しがわからない。田中内閣の時代の法制局長官答弁は、この手の惨《むご》いのが並んでいます。角栄の苦手分野に付け込んで、悪賢い官僚が毒を混ぜまくったのです。その地獄絵図は、前掲『検証　内閣法制局の近現代史』をどうぞ。同著で詳しく書いておいたのですが、正直言って、田中内閣の吉國一郎長官は歴代長官の中で頭がいい人と思えない。ところが、そんな人に騙《だま》されて頼り切ってしまうのが田中角栄の限界です。

外交的には「日中国交正常化」が田中内閣の成果であるとされます。しかし、それ、本当にやらなきゃいけないことだったのか。台湾を捨てて中共につくことが本当に「正常化」か。その根本的なところを田中が疑問に思った形跡がどこにもない。その検証はしていないわけです。

田中角栄は目的に向かって物事を効率的に進めることはできるのですが、目的そのものの合理性を判断できない人でした。目的合理性においては優れているけど、価値合理性は零点です。

確かに事績を見れば、史上最高の自民党幹事長であり、大蔵大臣であり、通産大臣であり、郵政大臣なのですが、総理大臣にしてはいけない人です。上司がしっかりした人であれば、田中角栄は「コンピュータ付きブルドーザー」と呼ばれた実行力で確実に仕事をこなします。しかし、田中が物事を決める立場の総理大臣になってはいけない。ましてや総理大臣を決める闇将軍になどしてはいけなかった。しかも官僚をシンクタンクとして使っています。つまり、田中角栄は日本が国家であることをやめることによって享受していた自民党政治家の成れの果ての人です。結局のところ利害調整をやっていただけ。

繰り返しますが、田中角栄は日米安保と高度経済成長を破壊し、政治を劣化させた原点です。しかし、政治が劣化しきった今、総理大臣以前の田中角栄のイメージが喧伝《けんでん》されています。本人も総理以前の仕事ぶりのほうがよかったとの自覚があったようで「総理は二度とやりたくないが、幹事長は何回でもやりたい」と言っていたことは有名です。

そして、田中闇将軍時代が終わり竹下登が取って代わると、もっとひどい政治腐敗を行ったことは第一部でもお話ししました。

竹下が首を縦に振れば、すべて終わり。竹下邸で行われる竹下派の会議ですべてを決める。閣議はセレモニー。竹下と竹下派がすべての利権と党員の出世を差配します。びっくりするほどの派閥均衡・年功序列。実力など二の次三の次です。あらゆる国会議員がサラリーマン化しました。サラリーマンで悪ければ、ヒラメ議員です。ヒラメは上しか見ていません。常に上の機嫌しか見ていないからヒラメ議員です。天下国家なんかどうでもいい。

ちなみに、上は闇将軍の竹下登だけではなく、アメリカや中国もそうです。アメリカに何か言われたらテキトーな防衛努力でお茶を濁す。竹下が闇将軍だった一九九〇年代（経済的には失われた十年である）、基本的に中国の朝貢国であるかのような振る舞いが基本でした。もっとも、その間のアメリカ大統領のビル・クリントン自体が親中だったので、竹下以下日本の親中は何の問題にもなりませんでしたが。

アメリカは、クリントンの次の大統領のジョージ・ブッシュ二世が対外政策を大きく修正しましたが、それにこたえるように「アメポチ」と言われた小泉純一郎が登場して長期政権を築きました。アメリカのほうは民主党政権でさえ、クリントン末期、オバマを経て、今のバイデンなんか「中国の台頭を許さない」となっています。

そのクリントンが「さすがに親中をやりすぎたか」と考え直した時期の自民党総裁選挙の

構図です。

小渕派　**小渕恵三**VS.**梶山静六**
三塚派　**小泉純一郎**VS.亀井静香
宮澤派　加藤紘一VS.河野洋平
旧渡辺派　山崎拓VS.村上正邦
※太字は立候補者

他に旧河本派が小渕支持です。

四大派閥が真っ二つに割れました。梶山は手勢の二人（そのうちの一人が菅義偉）だけを連れて小渕派を出ていっただけなので、小渕派（オーナーは竹下）は一〇〇人の最大派閥として残ります。しかし、他の三つは完全分裂です。

三塚派は幹部の森喜朗が竹下の指令で小泉を擁立、梶山の票を削るのに貢献します。これに反発して梶山を支持した亀井は派閥を出ていきます。

宮澤派は、加藤派と河野派に分裂。旧渡辺派は山崎派と村上派に分裂。村上派と亀井派は合同して、「村亀派」となります。

竹下が「次は小渕」と決めたのに対して、反発した人たちが梶山を派閥横断的に担ぎ、竹下も小泉を擁立させて彼らの票を削る。表向きの大派閥がすべて分裂してしまう、史上まれにみる大激戦です。

小渕も梶山も小泉も親米派の政治家ですが、この総裁選の真の争点は、米中代理戦争と捉えるとわかりやすい。この時ばかりは党内きってのリベラルと自他ともに認める河野洋平までもが「梶山先生に国家とは何かを教わった」とか言い出す有様。

昭和四十七（一九七二）年総裁選など明確に、「親中か否か」が争点で、親台湾派の福田赳夫を親中派の田中が破っています。この時は、米中接近に合わせての動きでした。その後、アメリカ自体が対ソ戦略の都合で親中なので、田中角栄（その後の竹下登）の親中姿勢は、問題になりませんでした。

最近、ウクライナ紛争を機に、岸田首相が戦後の防衛計画を抜本的に見直し、防衛費を倍増させました。これは明らかに、アメリカの意向です。

言ってしまえば、今の日本は江戸時代の琉球のようなものでしょうか。

普段は島津の支配下に服しているけど、清がやって来たらそっちに媚びる。その間、島津の役人は見て見ぬふりをする。

自民党総裁選も、その運命から逃れられません。

敗戦後の日本を指導した吉田茂は、「アメリカを振り回す」くらいの気概がありましたが、今の日本の政治家は、「アメリカに褒められよう」しか考えていない。中国に媚びるよりはマシですが。

その六　政治家の政策立案能力に問題あり。官僚をシンクタンクに使うな！

ある党の幹部が「若手政治家や党職員が、官僚になめられたくなくて、どんどん我が党の独自色がなくなっていく」とボヤいていました。官僚が決めたことをこなせるのが一〇〇点満点だと思っていて、官僚の説明や指示をよ〜く聞いて勉強して、その通りに実行しようとするのです。

若手ばかりではありません。大臣クラスでも官僚が持ってくる山積みの書類を頭に叩き込んで、野党やマスコミに何を聞かれても、その枠内から外れないことを有能だと思っている人が多い。I・NとかM・TとかA・Aが、いい例です。

たまには田中角栄を褒めましょう。田中が通産大臣の時、日米繊維摩擦が問題となっていました。もう十何年もアメリカと揉《も》めていて、官僚が書類の山を持ってきて「この枠から少しでもずれたら日本の立場がなくなります。しっかり、頭に入れておいてください」と言われました。しかし、田中は紙を二〜三枚めくると、書類には目もくれず、一から作り直しました。最終的には被害を受ける繊維業界に補助金を出してあげました。

こういうところを見込んで、佐藤栄作は難航する繊維摩擦を任せたのです。つくづく角さんは、トップにならなければ本当に優秀な政治家です。

うまくいっていない仕事を、さらに積み上げても仕方がありません。官僚は決められた枠内から自分の意思で外れたり、これまでの流れを止めたりすることはできません。決められたことを行うのが官僚の仕事なのですから。物事を止めたり、やり方を変えたり、時に新たな道を示すのが政治家です。

今の政治家はみな行政官になってしまっています。政治家は物事を決める人、行政官は決められた仕事をこなす人。

中には、官僚が決めた作文を上手く読みこなせる政治家が優秀だと勘違いしている人もいかねません。もちろん、鈴木善幸首相のように官僚が用意してくれた原稿を二枚飛ばして読んで、ついたあだ名が「鈴木ゲンコウ」では困りますが。ご本人、飛ばして読んでいるのに気付かなかったのか……。

こなせない政治家は困りますが、官僚の決めた仕事をこなしているだけで何かをした気になられてもまた困ります。

安倍内閣が、史上最長不倒を更新した日のニュースでは、「実績はあるがレガシーがない」と報じられ続けました。確かに色々やっているけど、歴史に残るような偉業は思い出せない。結局、安倍晋三という政治家が、本質的に行政官であって政治家ではなかったからではないかと思います。

今の政治家は、政治家ではなく行政官である。政治の劣化を言う割に、指摘されない論点かと思われます。

意思のない日本の政治家

安倍首相の実績として挙げられるのが、日米安保だけでなくインドやオーストラリアもパートナーに加えようと努力したことです。ＱＵＡＤ（日米豪印戦略対話）です。では、これが日英同盟に匹敵する大事業か？　そこまで大げさでなくとも、祖父の岸信介の日米新安保条約に匹敵するか。

もちろん、ＱＵＡＤは正しかったと思いますが、その目的は何でしょうか。アメリカの属国として働くためでしょうか。いつか日本を大国に戻すためでしょうか。どういうつもりでやっているかで、その行動の意味が変わってきます。

日本をどういう国にしていきたいのか、それによって、すべきことも異なります。国家意思がなければ、あらゆる政治が行政になってしまいます。

自民党議員のいわゆる若手政策通のやり取りを聞いていると一流企業のプロジェクト・リーダーのようなことを言っています。分野にもよるのかもしれませんが、安全保障ですらそう感じます。

岸田首相は防衛費を倍増するとし、五十年来の安全保障政策を抜本的に変える安保三文書を提出しました。いろいろ不備はありますが、まず第一歩を踏み出しました。それはよいでしょう。

きっかけはウクライナ紛争です。アメリカと歩調を合わせなければならない都合上、ほとんど選択肢がない状態です。こんなことでもなければ日本政府は動かなかったかもしれませんが、いずれにしても動いた方向性は間違っていません。少なくとも、湾岸危機の海部内閣よりは進歩したし、日米同盟をぶち壊しかねなかった民主党政権（実は自民党の鈴木政権も）よりは、はるかにマトモです。

令和四（二〇二二）年にロシアの攻撃で始まったウクライナ紛争にしても、二〇二三年にハマスのイスラエル攻撃で再燃したパレスチナ・イスラエル戦争にしても、ほどほどのやり方でアメリカについていく。

ここで問題は、総理大臣や主要閣僚、与野党幹部が国家としての日本の行く末を考えているかということです。ほかに選択肢がないからしょうがなく決め、決まったことだからやっているだけなのか、それとも、この機会を捉え、いつか大国に戻るつもりで一歩一歩進んでいるのか。

岸田文雄に令和三（二〇二一）年九月の総裁選で敗れた河野太郎も数多くの大臣を務め、若手のリーダーのような立ち位置ですが、立候補した総裁選では国家像は聞けませんでした。

ふたたびドイツとの比較になりますが、西ドイツには「東を取り返す」という国家意思および主要政党の合意がありました。そして実際に東ドイツを取り戻しました。

日本でも戦後まもなくの政治家にはありましたが、今の日本に大国に戻るという意思がある政治家が何人いるでしょうか。少なくとも、岸田首相の口からそんなことを聞いたことがありません。

中国には国家意思があります。いつかアメリカを抜いて世界一の超大国・覇権国家になるという意思を持って日々の行政を行っていることは明らかです。ロシアと北朝鮮は国家意思がありすぎて、もうちょっと落ち着けと言いたい。身の丈に合わない国家意思を持ったところで生きづらいだけではないかと思うのですが。

いや、他国の心配をしている場合ではなく、まず自国。

岸田首相の「行政」も今のところ間違っているとは思いません。防衛費をGDP二%に上げると言いました。何らかの意思があれば、けっこうなことです。しかし、意思がなく、それしかない選択肢を選んでいるにすぎないとしたら、二%だろうが三%だろうが計画なく、戦略なく、余計な装備を買い込むなど、失敗が積み重なるだけです。

重要なのは目的を達成することです。予算は手段であって目的ではありません。数値目標を達してても、中国の脅威がなくならなかったら何にもなりません。逆に一・五%だったとしても、日本がより安全になり、国際的立場がより向上するのなら、そのほうがむしろ安上がりでいい。

まず意思を持つ、そのために予算をつける、というのが本筋なのに、「予算がついた。どうしよう？」になっていないか。我が国の立ち位置を考え、状況に応じて判断するのが総理大臣であって、状況にひきずられてその場しのぎ、ましてや決められたことをこなしているだけでは官僚と同じです。政治家がやることではない。これには真面目な官僚も実は困っているのです。

財務省は外に向かっては省の立場を頑固に主張しますが、内部では自由な議論をさせてくれる文化が（今は知りませんが昔は）ありました。そのため、省の中では減税派の職員が外部で財務省の公式上の立場に立って「増税してください」と説明することが、ごく普通にあったようです。そして、心の中は減税派の財務省官僚が「こんなの絶対に論破してくれよ」と、わざとタワけた増税論議をかましたのに、バカな政治家が「財務省の頭がいい人が言うんだから増税の必要があるのね」と増税派になってしまい、レクした人が「そんなバカな……」と涙目になっていたというシャレにならない悲劇があったとか。

だいたい、たいていの財務省で出世するような高級官僚は、若い時に欧米の一流大学に留学させてもらいます。たとえばポール・クルーグマンのような世界最高峰の経済学者に習っているような財務官僚もゴロゴロいます。しかし、財務官僚は留学から帰ると、「習ったことを羽田で全部忘れなければならない」とか。翌日からは政治家に「財政危機で大変です。増税待ったなしです」などと大嘘をご説明に回らねばならないのですから。日本の国会議員にご説明して回っている内容をアメリカで習った恩師に言えるはずがない。

理由？　恥ずかしいからに決まっています。

むしろ本音では「政治家がさっさとマトモなことを決めてくれ」と思っている官僚も多いのではないでしょうか。

かといって、官僚は自分たちでは変えられません。中には「恥ずかしいこと」を本気で信じている人もいるでしょうし、一度やってしまった行きがかりで変えられない人も多数です。何より役所で先輩批判はタブーです。

政治家が官僚をシンクタンクに使ってはいけない理由は、実際に行政権力を行使する官僚が間違った時、誰も正せなくなるからです。

もちろん、個々の官僚に優秀な人はいますから、個々の部門に関して官僚に知見を聞くのは構いません。しかし、何をやればいいのかを官僚に決めてもらってはいけません。

政治学の通説では自民党は近代政党だそうです。官僚機構をシンクタンクに使っている自民党がなぜ？

ちなみに、ウィキペディアの「自由党（日本1881-1884）」という項目を見ると、「日本最初の近代政党」と板垣退助が見ても失神しそうなことが書いてありました。板垣自由党なんて、あらゆる意味で前近代政党でしょうに。

結局、戦後の政治改革の歴史で叫ばれてきた「近代政党」「政党近代化」の意味を吟味せず、いつしか死語と化した成れの果てということです。

その七　国会で議論がない

国会は本来、議論の場であるはずですが、日本の国会で議論することはありません。議論しているように見えるかもしれませんが、あれは単なるガス抜きです。シナリオが決まっているし、内容がない。あれでは居眠りしたくもなります。そんな儀式の場である国会に総理大臣や外務大臣を毎回出席させる意味はありません。

形式的な国会であっても、野党各党が質問をしたがるので、各自の質問時間が短くなってしまう。特に党首討論など野党で持ち時間を分け合えば、「我が党の質問時間はカップラーメンより短い」とボヤくことになります。それで、充分に質問ができる予算委員会で聞くことになっている。それなら党首討論の時間はいらないのでは？

令和四（二〇二二）年七月、山際大志郎経済財政・再生相が、青森県八戸市で街頭演説した際に「野党の人から来る話はわれわれ政府は何一つ聞かない。本当に生活を良くしたいと思うなら、自民党、与党の政治家を議員にしなくてはいけない」と述べました（『日本経済新聞』電子版、二〇二二年七月三日）。野党の意見は絶対に聞き入れないから与党に票を入れてくれとは、明らかな問題発言です。というか、国会の運営が本当にそうなっているところが問題です。

野党の意見を与党に通せるなど、立憲民主党の安住淳国会対策委員長ぐらいで、相当の実力者でないと無理ではないでしょうか。長く自民党の国対委員長を務めた森山裕《ひろし》現総務会長とは、「森山・安住ライン」で国会を動かしていました。

コロナ禍の国会など機能停止にも程がありましたが、正気を保っていたのは森山・安住ラインだけ。たとえば「予備費を無尽蔵に積み増ししろ！」のような声に待ったをかけたのはこのライン。予備費とは予見しがたい事象に備えるお金ですが、要するに政府が自由に使えるお金です。予算（原資の大半は税金！）は必要があればつければよいのであって、白紙委任するなど議会政治の否定です。

国対政治は与野党の裏の談合と批判されてきましたが、そこしか機能しないのであれば、他のどこに頼ればよいのか。

訳の分からないオンブズマンだかが、「国会での発言、質疑、質問主意書、議員立法で仕事を判断しよう」などと「どこの国の話だ？」と言いたくなる格付けチェックをしていましたが、森山はどれもゼロ。このチェックでは「仕事をしていない議員」にランクされていましたが、こんな形骸化した仕組みを基準にされても頓珍漢な結果にしかなりません。

問題は、議会の討論以外のところで、政治が決まっていることです。

イギリスの政治小説なんかを読んでいても、「議会の討論はセレモニーで、実際は裏の駆け引きで決まる」みたいなシーンが大量に出てます。どこまで本当かどうか知りませんが、事実そういう面はあるのでしょう。しかし、日本の国会の形骸化たるや、もはや一党独裁の共産国のようです。

自民党一党優位が長く続いている間に、国会議員が政策に関して議論する場は、政調会の部会となっています。部会で居眠りする議員はいません。「参加したい人だけが来い」なので、やる気がある議員しか来ませんから。

与党の政策決定過程をもう少し詳しく説明しますと、業界などから要望が上がり、自民党の部会に上がり、政調会に行って、総務会という意思決定機関に幹部全員が集まって決めます。その途中経過において官僚が説明しに来て、閣議決定する前に内閣法制局の審査があります。官僚も事前に法制局と擦り合わせをしていて、最終的に法制局長官が「可」とハンコを押せば政府の法案になり、あとはセレモニーです。ここに連立パートナーの公明党も関わります。

自民党・公明党が業界や官僚と国会に出る前に話をつけてすべてを決めているのです。予算に至っては、一円でも修正されたら負けという文化です。国会に予算を出す前に全部決めてしまうので、誰もがその前に陳情に行きます。予算編成の季節になると、財務省主計局は門前市のような行列ができます。

予算に関してはイギリスでも似たようなもので、予算が修正されることは内閣不信任案と同じであると考えられています。ただし、現実に政権交代がありえますし、実際に野党には影の大蔵大臣がいて独自に予算を作成しています。

で、日本は？　つまらないセレモニーでは居眠りしたくなるのも当然です。しかも、今では自民党議員が首相官邸の翼賛機関になっています。

今や部会は、首相官邸に要望を伝える圧力団体の一つにすぎないのです。

通達で決まる国事、自民党は首相官邸の翼賛機関

暗殺された安倍晋三元首相は国葬となりました。国葬の是非はおいておくとして、国葬を決めたその手順には大いに問題があります。

麻生太郎が「国葬にしないと岩盤保守支持層が納得しない」と言い出したのが始まりとか。それはいい。時間は充分にありました。ところが、岸田首相は首相官邸の側近政治家と官僚とだけで協議し、内閣法制局長官が可としたので国葬にすることに決まったのです。この間、国会で審議すればいいのに、自民党すら蚊帳の外。これを指して私は、もはや「自民党は首相官邸の翼賛機関」と呼んでいます。

また、コロナ禍において大量のワクチン接種にあたり、注射を打つ医師が足りないという問題が起こり、急遽《きゆうきよ》、歯科医師も可としました。

ここではワクチンの是非については問いません。問題はやはり手続きです。ワクチンに関しては、ほぼすべての政党が普及させることに関して一致していました。「接種する人が必

要だが、法律上問題があるから変更しなければならない」、この点で与野党の対立はありません。決めようと思えば、何の問題もなく決まります。それなら、午前中に衆議院を通して、午後に参議院を通せばいい。どうしてそうしないのでしょうか。結果、国会会期中であるにもかかわらず、通達一本で済まされました。通達で何でも可能なら、選挙も国会もいらないのではないでしょうか。

現在の岸田政権では、官邸に入り込める人とモノが言える人だけで決めています。しかも、自民党が翼賛機関と化していて、議会の入り込む余地はどこにもありません。与党議員は「国会で賛成に投票しろ」と言われたら、その通りに投票するだけ。「国会議員なんていうのは賛成と反対を間違えなきゃいいんだ」と言ったのは田中角栄でしたが、今やそれが制度化され、議員はすっかり投票マシーンと化しています。東條英機の時代とどう違うのでしょうか。

多くの外国をつまびらかに調べたわけではありませんが、日本ほど国会で何も決めない民主国は、なかなか珍しいのではないでしょうか。

日本では学校でも会社でも家庭でも議論することが珍しく、日本人は議論に慣れていません。日頃から議論によって物事を決める文化がないので、国会議員だけ議論をしろといっても難しいかもしれません。しかし、議論・討論は民主主義の前提の一つですから、そのための教育が必要かもしれません。

そして何より、「教育の問題だ」は簡単に思考停止できる、魔法のワードです。その通りなんですが、「じゃあ、その教育をどうやってやるのか」の仕組みが大事です。

なぜ野次は許されるのか？

民主制に必要な三要素は、多数決・言論の自由・再挑戦の機会保障です。

第一の原則が多数決。全会一致が望ましいですが、なかなかそうはならないので、最終的には多数決で決めます。少数派の横暴は許さない。

第二の原則は言論の自由。少数派も意見を言うことができ、自由に議論ができること。

第三の原則は再挑戦の機会が保障されること。一時の多数派が未来永劫多数派となるのではなく、また次の選挙があるので、その時点での権力者は多数派に常に説得を続けなければならない。

具体的に国の制度に当てはめると、第一の原則「多数決」によって与党が最終的には法案を通す。しかし第二の原則「言論の自由」によって野党にも言いたいことが言え、それが次の選挙までに有権者に訴える機会となります。そして第三の原則「選挙」で前回の野党が勝てば、晴れて与党になり、念願の法案を通したり、修正したり、廃案にしたりできます。

この三原則があってはじめて民主制なのですが、まず、多数決が怪しい。少数派の横暴をよく見かけませんか。戦後のマスコミはえてして、少数の横暴を煽《あお》ってきました（特に『朝日新聞』！）。少数意見は大事ですが、少数決はおかしい。

革新都政で有名な美濃部亮吉《みのべりょうきち》・東京都知事は、「一〇〇人の内、九九人が賛成でも、一人が反対したらやらない」と公言していましたが、これこそ少数決原理です。民主制の否定に他ならない。どんな親が教育したのか⁉　と調べて見たら、日本言論人の良識の象徴のような戦前憲法学の泰斗《たいと》、美濃部達吉《たつきち》先生でございました……。

次の言論の自由は、すっかり履き違えられています。自由な議論をしていただきたいのですが、国会でやっているアレは議論ですか？　選挙活動でも、意図的な騒音によって気に入らない候補を妨害するためだけに出馬する候補もいる有様。

昔は「野次は議会の花」と言われました。

戦前期、伝説の野次を紹介します。

原敬内閣で見た目から「ダルマさん」の愛称で親しまれた高橋是清《これきよ》蔵相が軍縮には長期計画が必要だと力説して「陸軍三年、海軍五年」と喋《しゃべ》った瞬間に、「達磨《だるま》は九年！」とヤジったのが若き日の三木武吉。野党の若造の茶々ですが、これには日頃は謹厳な原も高橋も大笑い。野次には暗黙のルールがあって、「相手の話を聞いている」が大前提です。

帝国議会の議事録を見ると、「ヒア、ヒア」という謎の掛け声が記録されています。英国議会で「Hear, hear」と「聞いてるぞ」「もっと聞いてやる」の意味で合いの手風に野次っていたのを真似たとか。

「人の話を聞いてない奴は野次るな」が暗黙のルールのはずなのですが、そもそも議会で実質的な議論が行われない日本の国会。イギリスだと「政権をとった時にひっくり返してやる」とのつもりで真剣に言質を取りにいっているのですが、日本でそれはない。

何回選挙をやっても自民党が勝つので、野党の意見は永遠に反映されない。ならば談合政治でも……国対政治が罷《まか》り通ってきたのが五五年体制です。

国会の議論を議論に見えなくしている要因の一つに、会期制があります。

議会の活動期間を定める制度を会期制といい、国によって制度やその運用が異なります。日本、アメリカ、イギリス、フランスは会期制を採用していますが、ドイツは採用していません（国立国会図書館　調査と情報「欧米主要国議会の会期制度」）。

国会では法案の議決などは会期中に行われ、議決されなければ廃案となります。与野党が法案をめぐって対立している場合、野党側が時間切れを狙って審議に入らせなかったり、審議に時間をかけようとしたりするのは、このためです。かつては社会党や共産党が議会内で投票する際に、投票箱までゆっくり移動する「牛歩戦術」をよく使っていました。

次の国会に引き継ぐ「継続審議」も可能ですが、本会議で過半数の合意を得る必要があるので意見が対立する法案では、これも難しくなります。

したがって、会期は野党の武器であり、野党を応援するマスコミが望む制度です。渡部恒三が旧民主党で国対委員長に就任した時、「会期がなかったら与党が勝つに決まっているじゃないか」と露骨に言っていました。

多数決は民主主義の原則です。選挙で勝った与党が法案を通せないのはよろしくない。少数意見を反映させるために議論があるはずですが、議論しないで日程闘争だけをやっている。そこが問題なのです。

なお、最近では短い会期で法案の通過率は良好です。

本田平直の棚橋予算委員長不信任演説でわかる国会の実情

引き延ばし戦術を使うのが野党だけかというとそうでもなく、与党自民党も使っています。安倍政権末期、森友学園への寄付問題や加計学園グループの獣医学部新設計画をめぐる問題、桜を見る会の収支報告不備など野党からの批判への受け答えに自民党も卑怯な手段を用いていました。

さらに、令和二（二〇二〇）年一月三十一日、黒川弘務東京高検検事長の定年を六カ月延長する閣議決定がなされ、立憲民主党は国家公務員法違反であると批判しました。これに対して、棚橋予算委員長が何度も失礼な応答をし、これまでの不公平な議事運営が積もり積もっていることもあり、ついに予算委員長不信任決議案が提出されます。

同年二月二十七日の本多平直《ひらなお》（立憲民主党）による棚橋予算委員長不信任決議案の趣旨説明演説からは、その様子がうかがわれます。少し長いですが、引用します。

（前略）

解任の理由は、百でも二百でも私は言えますが、（中略）大きく分けて五つの理由がございます。しっかりと、委員長、お聞きください。

第一の解任理由は、与党寄りというよりも政府寄り、政府寄りというよりも総理寄りの全く不公正、不公平な委員会運営です。

私が最初に棚橋委員長を変だと感じたのは、その異常なゆっくりとした話し方です。普通のスピードでお話しできるときもありますので、やむを得ない事情ではなくて、わざとやっているとしか思えません。私もいつもよりゆっくり読ませていただいているのは、自由民主党の皆さんにも棚橋ワールドを堪能していただきたいからであります。

閣僚に我々が質問した後も、遠くの座席に座っている閣僚でも、その着席を一々待ってから次の指名に入る。こんなおかしな運営をした委員長を私たちは見たことがありません。

なぜこんなおかしな運営をしているのか。いろいろ考えるに、理由は一つであります。今国会は、まさに、桜を見る会をめぐる安倍総理自身の公職選挙法違反、政治資金規正法違反などが疑われ、当然、これらの問題については、他のどの大臣でもありません、安倍総理しか答弁ができません。厳しい野党の追及にさらされる安倍総理の時間を一分でも一秒でも短くしようという魂胆だと思います。

しかし、単に問題はゆっくり読んでいるとか着席まで待つとか、そんな話ではありません。我々野党議員が魂を込めて準備をした質問の時間をこうしたこそくな手段で削るなどということは、断じて許されることではありません。

（中略）

我が会派の渡辺理事、大串理事が協議を求めても、のらりくらりと時間を稼ぎ、与党の理事を呼ぼうともしません。しばらく間を置いて与党の筆頭理事がようやく出てきても、一呼吸置いて、芝居がかりながら、大きく手を広げ、速記をとめてください。この間に、我々の大切な質問時間が一分、二分と経過していくんです。

（中略）

以上、第一に、委員会運営が極めて不公正であること、第二に、不公正さが見え見えであること、第三に、審議を妨害する過剰介入があったこと、第四に、委員会の重要な課題解決、問題解決を妨害したこと、そして何より、第五に、安倍政権による民主主義の破壊に加担したこと、以上、歴代予算委員長の中でも最悪とも言える委員長の解任理由を申し述べ、また、与党内の心ある議員の賛成を心からお願いをして、趣旨弁明といたします。

（拍手）

（第二〇一回　衆議院　本会議　第七号　令和二〈二〇二〇〉年二月二十七日）

（YouTube　https://www.youtube.com/watch?v=meEDuR2C4z4）

冒頭から「本当は一〇〇から二〇〇個ぐらい不信任の理由があるけど、今日は五つだけだ。でも、その前に一つだけ言いたい。あんたの喋り方が嫌いだ」です。国会中継を見ていて大笑いしてしまいました。全文はこの倍以上あるので興味のある方は、議事録やYouTube映像をご覧ください。「質問者の指定の大臣に当てない」など、ほかにも嫌がらせ方法が挙がっています。

本多は演説を「与党内の心ある議員の賛成を心からお願いをして」とか造反を煽って〆《しめ》ています。イギリスだったら、間違いなく造反議員多数で可決するような演説です。それが嫌だからイギリスではふざけた議事運営はしないのですが、日本では党議拘束で雁字搦《がんじがら》めにして造反を出させません。当然、不信任案は否決されました。

結局、与党も野党も国会はセレモニーだと思っています。丁々発止、言い合っているように見えても、結論は決まっていて変わることはありません。「いくらなんでもひどすぎるだろ」と出された不信任決議案も結局は否決されて終わりです。勇ましい不信任演説もガス抜きにすぎない。

こんな国会で居眠りするなと言うほうが酷です。眠気覚ましに野次ってる議員なんか、真面目なほうです。

その八　政治改革で手付かずの参議院——存在そのものが憲法上の欠陥

「第二院が第一院に賛成するなら無用、反対するなら有害」

フランスの政治家シエイエスの言葉とされる有名なフレーズです。シエイエスは『第三身分とは何か』を著し、フランス革命に影響を与えました。革命の中心にありながら大革命の混乱を最初から最後まで生き抜いたツワモノですが、まさにおっしゃる通り。昭和の参議院は不要、平成は有害、そして、安倍政権以降はふたたび不要になりました。日本の参議院は存在そのものが憲法上の欠陥です。

そして、参議院が政治を劣化させるもう一つの理由は議員の質が悪いことです。全体を見渡せば、細かいことにまで詳しく深く考えている人もいますが、問題のある人が多い。衆議院議員に「参議院は二軍」と扱われるのが常ですが、言われても仕方がない議員も多い。いつ解散があるかわからず常在戦場の衆議院にくらべ、参議院は一度受かったら六年間選挙がないので、真面目な議員は政策に打ち込むのですが、いかんせん選挙政局には弱くなる。

そして選挙制度を概観すれば、どういう人が通ってくるかが事前に見えてしまうのです。最強は公明党。たぶん狙った勝率は常に一〇〇％以上なのではないでしょうか。この党、地方議員選挙では「全員当選」が至上課題のようなところもありますが、国政選挙も目標を完遂する。平成二十八（二〇一六）年の参議院選挙など、明らかに六人当選を狙って七人受かっています。一位の得票数九四万票から六位の三八万八〇〇〇票まで数十万票の当選者が続き、七位の候補は一万八〇〇〇票。六人当選を狙って七人当選なのだから、「一〇〇％以上」なのです。

最も強烈なのは立憲民主党で、全日本自治団体労働組合（自治労）や日本教職員組合（日教組）の利益代表で組織に従順な人がズラリ。自治労や日教組の支持を受ければ、間違いなく当選です。

日本国憲法制定の審議の際、参議院を職能別の代表にしようとの意見もありました。ある意味で自民党はそれを実現しています。言い換えれば、既得権益の利益代表を送り込んでいるということですが。

全国区は主に業界団体の代表で、わずかにタレント・有名人が入ります。とは言うものの、古き良き自民党は「やさしさと思いやり」の政党なので、候補者にはどこかの団体をつけてあげます。こういうのを政治学者が「組織政党だから近代政党だ」と言い出すのですが、ホンマかいな。

参議院議員の地方区は地方政治家の場合が多いです。参議院は一つの県が一つの選挙区で広いので、県内全体に知名度がある候補者となれば、地元政界の実力者になります。知事や議長経験者が即戦力として活躍できる場合もあるのですが、どっちかといえば例外。酷いのになると「あの議長に知事になられたら困るので、参議院に行ってもらおう」と棚上げ、〝養老院〟代わりに参議院に押し上げる場合も。「アイツが上に行くと、自分が代わりにその地位に行ける」と必死になって選挙を手伝う地方議員……は珍しくありません。

逆に「アイツが落ちれば次は自分が」とサボるのも日常茶飯事。

参議院は基本的に「地方区は地元政界のボス、比例区は業界団体の利益代表かタレント」です。

自民党の衆議院議員は基本的に世襲で、婿養子のような隠れ世襲も存在。さらに引退する代議士の後援会が解散して、新人が一から作り上げたなんて話も聞きませんから、個人の世襲はなくとも後援会自体は世襲しているに等しいのです。たまに公募しても、受かるのは高級官僚ばかり。

衆議院は平成の政治改革の後の見直しが必要ですが、参議院は鈴木内閣で改悪した以外は手つかず。

長く権力を握った、佐藤栄作・田中角栄・竹下登は、参議院を権力基盤にしました。衆議院でも参議院でも総裁選で一票は一票。主流派になって従順な参議院議員を大量生産すればさらに権力が強化拡大し……を繰り返してきました。安倍晋三も参議院がねじれたので短命、ねじれなかったら長期政権でした。

賛成すれば不要、自民党長期政権が続く限り主流派の権力基盤、反対すれば有害。

軽く考えすぎです。

政権交代の難関・参議院

衆議院で勝った党が総理大臣を出すので、政権党が衆議院を押さえているのは当たり前です。しかし、参議院で負けていると何もできない総理となってしまいます。これが実は政権交代を起こさせない構造的要因になっています。

現与党でない党が衆議院で勝ったとしましょう。この際、立憲でも維新でもどこでもいいです。とりあえず、今の野党第一党が立憲民主党なので、立憲で考えます。

衆議院選挙は、任期切れの令和七（二〇二五）年までに行われます。そこで立憲民主党が大勝したとします。総理大臣を選び、組閣します。しかし、参議院の議席は変わりません。第一党は自民党ですから、その時はねじれ国会になります。

仮に二〇二五年の参議院選挙が衆議院との同日選挙になったとして、一気に衆参両方で過半数をとるのは難しいでしょう。

現在の参議院の議席は、与党が自民一一五と公明二七、立民が三七で、維新は二一です。二五年の改選が、自民五二、公明一四、立民二一、維新八です。何があろうと、自民党の六三議席は残りますし、公明党の一三も同じ。参議院の過半数は一二五ですから、ねじれ国会になるのは必定です。

衆議院で政権をとっても、参議院第一党の自民党との協調が求められることになります。

立民の立場でこの困難ですから、維新が政権をとったとしても、なお困難です。維新が

「中期計画」で「次の総選挙で野党第一党、次の次の総選挙で政権奪取」と掲げていたのは、こういうところに理由があるのです。

選挙をしても、まずは参議院の半数しか変わらない。つまり、参議院の多数派をひっくり返すのは短期間のうちには難しいのです。そんな参議院が、ほぼ衆議院と対等の権限を持っているから、憲法上の欠陥としか言いようがないのですが。

衆議院選挙によって政権交代が起こったように見えても、本格政権の誕生までは長い道のりです。五五年体制以来、政権交代したことは二回しかありませんが、一回目は八カ月、二回目は三年半しか続きませんでしたから、本当に政権交代が起こったとはいいにくい。

事実、一回目の細川連立内閣では参議院で自民党が多数派でしたから、与党は政権の至上課題の政治改革法案で自民党の要求を呑みました。

仮に今、立憲民主党の泉健太が首相になっても、参議院の第一党は自民党で、過半数を握られている状況となります。令和十（二〇二八）年に衆参同日選挙にしてどうなるか。それまで、何か新しいことをしようとしても参議院に拒否権を行使されるだけです。しかも、失敗した場合は政権側の失点となります。それなら、何もしないほうがいい。

ちなみに、こういうカラクリなので、「令和六（二〇二四）年九月の立憲民主党代表選挙で泉を引きずりおろして、野田佳彦を首相にし、自民党と大連立を組む」のような陰謀論が囁《ささや》かれるのです。その時は「大増税政権」を覚悟したほうがいいですが。

参議院について詳しくは前掲『参議院』を、手っ取り早くわかりたい人は前掲『2時間でわかる政治経済のルール』をどうぞ。

その九　五五年体制よ永遠なれ！　無能すぎる野党第一党、もはや選挙をやる意味がない

政権交代するにあたって、一番問題なのは野党です。今も昔も野党第一党があまりにも無能すぎる。

川島正次郎は昭和四十五（一九七〇）年に没するのですが、七〇年代を「自共対決の時代になる」と予言していました。予言は外れていますが、川島がこんなことを言ったのは、東京や京都で革新系の知事が誕生したからです。そして、社会党があまりにも頼りない。社共の応援する革新知事だったのですが、共産党が社会党を引っ張っている形でした。当時の野党第一党・社会党は数はあっても、はっきり言ってアホばかり。

現在の野党第一党は立憲民主党。未だに民主党政権が素晴らしいという異次元の歴史観の

持ち主が幹部としてのさばっています。かりに政権交代したとしましょう。現在、議員が約九〇人います。この人たち全員、政府の役職ないし党幹部となります。まず大臣だけで二〇人弱います。それに副大臣、政務官も同数ですから、これだけで六〇人が必要です。党の幹部も別に二〇人程度は必要です。さらに国会の常任委員長は与党が一五人は出さねばなりません。

このように、今の立憲の現職議員は、必然的になんらかの政府の役職・党の幹部・国会の役職などに就くことになります。それで足りなければ当選一回の人も駆り出さないといけない。すっかり野党ボケしてしまって、そういう準備をしている人が野党第一党の中にわずかしかいない。

立憲民主党には「次の内閣（Next Cabinet：ネクスト・キャビネット）」というものがあります。「次の内閣」というからにはイザという時には、そのまま閣僚にならなければならないはずです。ところが平成の鳩山民主党はそれができなくて大混乱になり、組閣時にすでに政権担当能力を疑われるというマヌケな羽目になってしまいました。立憲民主党にはその轍《てつ》を踏んでほしくない半面、現時点の「次の内閣」がそのまま閣僚になってもらっては困る人もいます。

その他にしても「次の内閣」メンバーは自民党なら部会長レベルの人を並べています。そのまま閣僚になる人たちではない。つまり、イギリスの影の内閣のように真面目に準備していません。永遠に野党でいいと言わんばかり。

そうした〝異世界ワールド〟を率いる、泉健太立憲民主党代表のアクロバティックな党運営をご紹介しましょう。

岸田内閣が進める三つの重要政策に関し、日本維新の会と国民民主党も賛成し、国家基本政策に関する合意は成立しています。実は立憲民主党も、事実上は賛成しているのです。

第一にマクロ経済。

立憲民主党は基本的に「我々は金融緩和反対だ～」という党です。安倍内閣をいくら批判しても景気を回復軌道に乗せたのは確かなのですが、この党のコアな支持者は「格差を拡大しただけだ」と金融緩和を目の敵にしています。

そこで日銀人事に関しては、与党や他の野党が「植田さんなら金融緩和を続けてくれる」と賛成なのに対して、泉は「植田さんなら金融緩和を止めてくれる」と何を言っているのかわからない理由で、賛成。結果、今の景気回復を続けています。

なお、今はインフレで苦しいという人もいますが、デフレよりマシです。このメカニズム、詳しく知りたい方はＰＨＰ新書から昨年『これからの時代に生き残るための経済学』というわかりやすい本が出ています。著者名は忘れましたが、読みやすい名著ですので、どうぞ。

第二に、防衛計画抜本見直しと防衛費倍増。

これはアメリカの要請でもあるのですが、それでも反対してきたのがリベラル野党。立民は護憲派の党と思われていて、基本的にはその通りなのですが、この党の幅の広さを舐めてはいけない。前述のように護憲派から改憲派まで、自民党の野田聖子さんより左もいれば高市早苗さんより右もいるのが、この党の幅広さ。

そこで、党の意見は、何を言っているかわからない両論併記の文章。結果、防衛費増額に伴う防衛計画の抜本見直しの邪魔はしない。政府は、つつがなく政策を遂行できています。

第三が、皇位継承問題。

菅内閣が大事なことを決めて岸田内閣がまとめた報告書は、実によくできた内容でした。詳しく説明しだすと一冊の本になるので、小著『決定版　皇室論』（ワニブックス、二〇二三年）をどうぞ。

これに対し、立憲民主党の一部は、「女系天皇」などという日本の歴史に一度もない国体破壊を目論んでいます。保守陣営は「立憲はどうせ女系でしょ」と諦めるやら決めつけるやらでしたが。

しかし、この党の幅広さを舐めてもらっては困る。革命家から尊皇家まで、幅広く取り揃えているのがこの党。何が何でも女系天皇を推進しようとする一部幹部に尊皇派が抵抗。結局、立憲の意見書は何が何だかわからない両論併記になりました。これは泉代表が強烈な尊皇家で、女系天皇のような日本の歴史の先例にない事態は許さないと睨《にら》みを利かせていたからです。

泉健太代表は日本にとって何が大事かをわかっています。だから、この党を抑えながら、それをやろうとすると、手の込んだ芸当が必要になるのです。立憲民主党にもまともな人はいますが、まだまだそうでない人の発言権も強い。それを抑えることのできる泉代表は、ある意味で総理大臣よりもはるかに難しいことをやっています。岸田文雄さんには立憲民主党党首は、まちがいなく務まりません。

岸田さんも泉さんも似たようなところがあり、「総理大臣は務まるけれども、野党第一党党首としては頼りない」というタイプの政治家です。

泉代表ら、この党の良識派は、涙ぐましい努力をしています。

もっとも、立憲民主党の内情なんてマスコミもマトモに報道しません。多くの人は知らないでしょうから、紹介しました。

だったら自民党よ、ファシズムをやれ

こういう党では心もとない。それならサラリーマン政治家だらけでも自民党のほうがマシなのか。ここで思考実験です。

どうせ自民党しかないのなら有能なファシズムをやれ！

ここで言うファシズムとは、一国一党のことです。自民党は選挙をやるたびに勝つので、「疑似ファシズム」とも言われます。

自民党は世界最強の民主主義政党です。こんなに勝率の高い政党は民主主義国に、少なくとも国政レベルではありません。

中国にも共産党以外の合法政党が一応あるにはありますが、いわば中国共産党の外部団体

です。都合が悪いものは排除されます。独裁政権下の政権党は無理やり敵対勢力を禁止・拘束してしまいます。なにより中国を民主国家と言う人は誰もいません。

日本は民主国家で、禁止も何もしていないのに野党たちはこの体たらく。もう開き直ってすべての政党を自民党に入れてしまえばいい。共産党だけは入らないでしょうが、立憲・公明・維新・国民のすべてを解散して全部自民党になる。

自民党も立憲民主党も政策で集まっている集団ではありません。自民党内の派閥もそう。呉越同舟、右から左まで様々な人がいます。だから自民党や立憲民主党が党としてまとまっているのも不思議ですが、逆に両者が分かれていることのほうが不思議とも言える。

何かのイデオロギーを持った集団が他を禁止するファシズムは独裁ですが、日本では民主主義制度のもとでも政権担当能力のあるものが一党しか出てこない。しかも、与党も野党も主義主張のない政党ばかり。だったら一緒にしてしまえばいい。できそこないのファシズムではなく、有能なファシズムをやればいい。

いっそのこと、全政党を解散して自民党に入れて党員だけで自民党総裁選をやればいい。政治に参加したい国民は党員になればいい。そのほうが政治に緊張感が出るのでは？

そうなったとして今と何が違うのでしょうか。そういう思考実験をしてみると、自民党の問題点が見えてきます。

その十　自民党の採用と出世システムは日本を蝕む

野党があまりにも情けないので「その九」で思いっきりアンチテーゼを言ってみました。その十では野党よりはマシかもしれない自民党の批判を続けます。自民党の中にも真人間がいて、実は彼らこそ現状に不満なのです。その最たるものが採用と出世システムです。そして教育。

何か問題が起こるたびに思い出したように「世代交代」と叫ぶ割には、本当に世代交代したことが一度もない年功序列（当選回数制）の世界で、新陳代謝ができません。イギリスみたいに、「当選三回で総理大臣」なんてありえません。

官僚機構をシンクタンクとして使っていることとともに、採用と出世が硬直化している時点で、自民党は近代政党になっていません。実態は、むしろ前近代的と言ってもよい。

近代政党とは党組織が統率するものです。個人後援会の集合体では近代政党ではありません。

また、議員の質を高めるには、地方政治で成功をおさめた政治家が中央に進出というのも悪くないと思いますが、これがありそうで実はあまりない。逆に元大臣が知事や市長を目指すことはよくあります。

なぜでしょうか。

知事や市長として実績を上げた人は自民党の新人代議士になどなりたがりません。当選一回は、いわば雑巾がけ。雑用係に使われるだけです。当選回数が多いほうが偉いという世界なので、そうなってしまうのです。昔は知事の期数を当選回数に数えるなど、あったのですが、今ではそれもなくなってしまいました。

有能な市長なら、その気になれば選挙に立候補できるし、実績を評価されて当選することも充分に考えられます。しかし、やりがいのある首長をやめて、自分の主張など何も通らない一新人代議士になりたいと思うでしょうか。

高度成長への道をつけた池田勇人は元大蔵次官。当選一回で大蔵大臣に抜擢です。その後も通産・大蔵の主要大臣を繰り返し務め、ついには総理・総裁となりました。それなら優秀な人が人生をかけて選挙に出ようという気にもなろうというものです。

その池田勇人は当選五回で総理大臣。今だと「一回目の入閣として早いほう」の当選回数ですが、偉大な総理大臣となりました。

池田の前の岸信介は当選三回。うち一回は戦時中の翼賛選挙なので、戦後に政界入りしてからは当選二回、わずか四年です。民間人を政界経験なしで総理大臣にするのは乱暴でも、それだけの識見がある人を大臣にして、「政界入りしてからせめて十年以内に総理大臣に育てる」でないと、本当に立派な人が政界を目指さなくなるでしょう。

池田と同期の佐藤栄作は当選七回です。このあたりから、「桃栗三年柿八年、総理大臣十五年」の衆議院議員初当選から三十年かけて総理大臣になる時代になります。小泉純一郎は改革派として期待されながら、政界入りしてから二十九年での総理就任で、「賞味期限ぎり ぎり」と言われたものです。

東大法学部生の霞が関離れが言われて、そろそろ二十五年になります。「二十代から安月給に耐えて、悪いこともやって、信念を曲げて、出世競争に勝って頂点に立って事務次官になったら、ほんの少しだけやりたいことができる」みたいな人生を、頭がいい東大生はバカバカしいと見抜いているのです。だから、実力があれば稼げる外資系に行ったり、自分で起業したり。

今や、総理大臣（つまり自民党総裁）も、そんな事務次官と同じになっている。

総理大臣の官僚化

雑用係から我慢に我慢を重ねて出世街道を進み、総理大臣になったら、そこではじめて自分の思いが実現する。しかし、総理大臣にできることが歴史に残る大事業というわけでもなく、ちょっと法律を作るとか、変えるとか、そんなものです。それ、官僚の事務次官とどう違うのでしょうか。

そんな官僚まがいの総理大臣に危機管理ができるのでしょうか。岸田首相は安倍以上に安倍的と言われていますが、たしかにルーティンを回すことは得意なようです。

岸田は官房長官・財務大臣・幹事長のどれも経験しておらず、権力の中枢にいたことがありません。ちなみに竹下登はそれしかやったことがない。安倍は総理に就任する以前には幹事長と官房長官を務め、大臣経験はありませんでした。

しかし考えてみれば、今の自民党幹事長の仕事も野党を相手に絶対負けるわけがない戦いで必死になって勝っているふりをすることなので、行政官のようになってしまいました。

総理大臣が行政官の長であって政治家ではないという、よく考えると恐ろしい状況です。

総理大臣とは、もし戦争になった時には自衛隊を指揮する人です。行政官に戦争指導はできません。我が国は木っ端官僚の東條英機を筆頭に、官僚に国策を壟断《ろうだん》させて地獄に落ちた苦すぎる経験があります。東條は行政のルーティンの延長で、戦争指導を行った。「決まったことなので」で状況が変わっても方針を変えないし、重大な情報がもたらされても「今まで調整してきたことと矛盾する」などと、平時はともかく有事には絶対にやってはならないことを次から次へとやった。

マックス・ウェーバーは「最高の官僚は最悪の政治家」と喝破しましたが、東條など典型です。この例、よく「通訳としては最高だったけど政治家としては無能だった」と宮澤喜一が挙げられますが、本当は田中角栄が当たるのではないでしょうか。郵政大臣～政調会長～大蔵大臣～幹事長～通産大臣と出世するポストすべてで「史上最高の○○」と評しても過言ではない実行力を示しながら、総理大臣・闇将軍としては最悪。誰かに使ってもらえる時は超有能だけど、自分で何かを決める才能は実はない。

ちなみに戦前には、東大法学部史上最高点の首席の大秀才に若槻礼次郎という人がいましたが、この人は「総理大臣以外何をやらせても優秀」でした。問題は、この人が二回も総理大臣になってしまったのが（しかも理由が前任者の死亡と入院）、大日本帝国の悲劇なのですが。ちなみに一回目は金融恐慌、二回目は満洲事変を引き起こします。「大秀才」や「使える奴」と総理大臣にふさわしい能力は違うのです。

では、どうやって国のトップを育てるのか。

その仕組みが近代政党です。

近代政党とは国の危機に立ち向かう人を育てる組織なのですが、悪いですが自民党はかけらもそうなっていない。

戦争と言わなくても、コロナ禍のような危機がきたらどうするのか。羊のようにおとなしい日本人は暴動一つ起こさず泣き寝入りするのを、我々の美徳だと慰めるのか。

悪いですが、このままでは、もう一度戦っても負けます。軍事力の有無とは関係ありません。防衛費をＧＤＰ二％にしようが五％にまで上げようが同じことです。

ここまで、なぜあなたが日本の政治に絶望するのかを縷々述べてきました。

政治とカネの話など、入口です。

本当に問題なのは、選挙をやる意味がない政治であることです。政治そのものに絶望するしかない。

では、どこに希望があるか。

この本で何度も出てきた、近代政党です。
では、近代政党とは何か。

終章

「ひれ伏して詫びよ」

ハマコーは、遠くにありて想うもの。

コンプライアンス違反の塊のような政治家でした。

浜田幸一。ハマコーの愛称で親しまれ、下手な総理大臣よりインパクトを残していました。

経歴は以下です。

昭和三（一九二八）年、千葉県生まれ。地主の子供だったのに、敗戦後は貧乏に。グレて不良となる。日大中退だけど「最終学歴は旧制木更津《きさらづ》中学卒」と言い続けた。「木更津のダニ」と呼ばれるヤクザになり、喧嘩で人を殺しかけて実刑。

後に「ヤクザになってグレたんじゃない。ヤクザになって更生したんだ」と、日本有数の暴力団である稲川会の稲川聖城《せいじょう》会長への感謝を隠さない。さらに、お母さんには死ぬまで頭が上がらず、はるか後年になってもテレビで亡き母の話題になると番組の進行を考えずに泣き出すこともしばしば。

二十八歳で富津《ふっつ》町会議員に立候補、トップ当選。固定資産税に関して疑問を言ったら、議長に「文句があるなら国会議員になれ」と言われ、一念発起。したわけではないけど、青年団の活動に没頭。昭和三十五（一九六〇）年の総選挙に出馬するけど、「拍手一番、票三票」で落選。五人当選のところ九人中八位。気を取りなおして千葉県議会議員に立候補して当選。この頃の運転手が、現在は芸能界のドンと言われる周防郁雄《すほういくお》バーニングプロダクション社長。

田中角栄自民党幹事長が子飼いを大量擁立した昭和四十四（一九六九）年総選挙で初当選。主な同期に、小沢一郎・羽田孜・梶山静六・森喜朗・土井たか子ら。

所属派閥は、副総裁だった川島正次郎の川島派。川島の死後に派閥を継いだ椎名悦三郎までは椎名派にいたが、椎名の死後は生涯無派閥。

昭和四十八（一九七三）年、中川一郎・渡辺美智雄・石原慎太郎らが作った派閥横断グループ青嵐会《せいらんかい》に参加。血判状で血盟を誓い話題に。この時に血判を捺《お》した仲間の名前は、著書で頁数を顧みず、全員を記す。何度でも。ただし、森喜朗には活動に不熱心だったと批判的で、首相時代の森に公衆の面前で「おい、バカ」と怒鳴ったことも。青嵐会は「タカ派」「右翼」「アナクロニズム」と大バッシングされる。事務局長を務め、「政界の暴れん坊」の立ち位置に。田中角栄内閣（大平正芳外相）の北京政府承認を「台湾切り捨て」

と猛批判。とはいうものの、田中や大平には一生忠誠を誓っていた。福田赳夫と三木武夫と中曽根康弘には常に批判的。

昭和五十三（一九七八）年、社会党の安宅常彦《あんたくつねひこ》議員の質疑に怒り、「黙れ強姦《ごうかん》野郎！」とヤジり「憲政史上最低の野次」と言われるが、「俺を懲罰委員会にかけろ。社会党に渡した裏金を全部暴露してやる」などと開き直り、おとがめなし。逆に安宅のほうが秘書に今でいうセクハラをしていた弱みがあり、次の総選挙で不出馬に追い込まれる。政界では「地獄耳のハマコー」「触らぬハマコーに祟《たた》りなし」の評価が定着する。

大角連合と三福中が争った昭和五十四（一九七九）年の四十日抗争では、反主流派が自民党本部にバリケードを築き抵抗。ハマコーがバリケードを排除しつつカメラに向かって「いいか、自民党はなあ、お前たちのためにあるんじゃないぞ。可愛い子供たちの未来のためにあるっちゅうことを忘れるなよ」と演説する姿は、何回テレビで放映されたかわからない。本人曰《いわ》く「片付けていただけ」だが、映像では暴れているようにしか見えない。

昭和五十五（一九八〇）年、ラスベガスで賭博、一晩で四億六〇〇〇万円もスっていたことが発覚し、議員辞職。浪人中に世話になった議員の名前は、著書で頁数を顧みず、全員を記す。何度でも。ただし、あんまり人数はいない。

四十日抗争時のハマコー（写真提供：共同通信社）

この間に処女作『弾丸なき抗争』（ベストセラーズ、一九八三年）を上梓《じょうし》。「三木武夫・福田赳夫・田中角栄の三人は同時に死んでくれ」と書いたのは御《ご》愛嬌《あいきょう》（?）のレベルで、福田赳夫が中川一郎を殺したと言わんばかりの書きぶり。この本を嚆矢《こうし》に、三塚博に関しては、三塚が死ぬまで叩き続ける。ちなみに第一章の見出しは「死ぬのはお前だ!」だが、こんな本を出せた昭和の出版事情は緩やかだ。

同年に『教科書は日本を亡ぼす』（政策研究会）を出版しているが、こちらは至って真面目な政策本。

昭和五十八（一九八三）年の総選挙で

返り咲いたが、歴代総理の誰も大臣にはしてくれず。いつしか「自民党は衆議院で七回当選したら、どんなバカでもハマコー以外は大臣にしてくれる」と言われるように。

昭和五十九（一九八四）年、過激派が自民党本部に放火。ハマコーさんは、先陣切って消火活動に。そこに住栄作《すみえいさく》法務大臣が居合わせ「マッチポンプみたいだ」と軽口をたたいたので、ハマコー先生平手打ち。これが世に言う「現職法務大臣平手打ち事件」だが、住のほうが謝った。

金丸信（幹事長→副総理→副総裁）の側近に。金丸は「猛獣使い」と呼ばれるように。金丸の推薦で予算委員長になるが、「揉めることを喜ぶ委員長」のような議事運営。当時高校生だった私は、学校が終わると飛んで帰って国会中継にかじりついたものだ。

そして運命の昭和六十三（一九八八）年二月六日。共産党の正森成二《まさもりせいじ》議員の質疑中に「宮本顕治殺人者発言」を起こし、委員長辞任に追い込まれる。実際には「僕はミヤザワケンジ君が人を殺したと言っただけじゃないか」と発言しているが、共産党議員の「何を言っとるんだ⁉」の怒号は二重の意味で「何を言っとるんだ⁉」と思える。ハマコー本人は、「目の前に宮澤喜一大蔵大臣がいたので混同した」と弁明しているが、絶対にワザとだ。

平成五（一九九三）年に引退。テレビの人気コメンテーターに。直後に出した『日本をダメにした九人の政治家』（講談社、一九九三年）は一六九万部の超ベストセラーに。

平成二十四（二〇一二）年、死去。


カルピスの原液のようなオヤジでした。「政治家が小粒になった」と言うなら、ハマコーみたいな政治家がいなくなった、と嘆いたほうがいいです。昭和にもこんな人、ハマコーさんただ一人だったような気がしますが。

日本国を地球上で文明国として生存させる

ハマコーさんとは、一度だけあったことがあります。というか、大学のサークルで講演会にお呼びしたのです。「学生からは金はとれない」と講演料をタダにしてくれたのはよいのですが、タダより高い物はないの典型。

私らが前座のイベントで、「日本は国際連合の常任理事国になるべし」って演題で討論会をやってんのだけど、控室で待つのが嫌で「さっさとしゃべらせろ」と勝手に会場に乱入しようとする。

何とか時間まで待ってもらって壇上に上が……らず、「会場が満員になるまで本題を始めない」とか言い出す。中央大学のクレセントホールという収容二〇〇〇人の、それまで一度も満員になったことがない場所なのですが……。ちなみに、北朝鮮に拉致されて帰国した「蓮池薫《はすいけかおる》さんお帰り集会」は超満員でした。

閑話休題。のっけから「今度、東大で講演するんだが、東大ってのは検察官を養成する大学だろ。捕まえられる側が捕まえる側に何を話せばいいんだ」とか、会場に逆質問しまくって当てられた人は大困惑。最後まで檀の上に上がらず、観客席と同じ高さの場所でしゃべっていたのですが、途中で自作の「お母さんの歌」を歌い出す。質問の時間になっても、質問の内容と関係なく、「大出俊《おおいでしゅん》、あいつは自民党から金をもらってる悪い奴なんだ。なぜそんなことが言えるか。俺が金丸さんに言われて、五〇〇万円ずつ六回渡したからだ」とか、一〇〇％アウトの暴露話を始める始末。大出俊というのは、審議を止めるので「国会の止め男」として有名だった社会党代議士です。

ハチャメチャなオヤジでしたが、今思うと、真面目な政策では本質しか言わない政治家でした。その日の前座のお題の「日本は国際連合の常任理事国になるべし」について、「ひれ伏しても入れてくれるか！」で終了です。「中国は自分の意志と力で生きているが、日本は違う。日本はしょせん **I hope peace.** にすぎない。**I want peace.** でなければ、国際社会では生き残れない。『私は平和を希望する』と他人任せではなく、『私は平和を欲する』と自分の意思を持たねばならない」と絶叫していました。

ハマコーさん、リクルート事件、佐川急便事件と相次ぐ政治不信に批判的でした。特に竹下登には喧嘩腰で、ある時など竹下に近づいて竹下の議員バッジに触れながら、「私も議員バッジを外しますからあなたもこれを外してください」とか懇願するというよりチンピラの脅しのような真似をしたことも。もちろん相手にされませんが。

ハマコーさんの問題意識は極めて明確です。「地球上における国民の長期的生存」です（前掲『日本をダメにした九人の政治家』一八頁）。

色んな本でも似たようなことを書いていますし、当の講演会でも言っていたような気がします。

自民党の使命は何か。日本国を地球上で文明国として生存させることである。経済を成長させ、額に汗して働く者が報われる社会を作り、富を公正配分し、日米安保条約を堅持して自由主義陣営の一員としての使命を果たし、その為には相応の防衛努力をしなければならない。占領憲法は改正、核武装して国際社会で発言権を持つべきだ。それができるのは自民党しかないのだから、近代政党に生まれ変わらなければならない。

結局、国民の政治不信を一言でまとめると「チャンとしろ」です。金の問題なんて、入り口にすぎない。むしろ、その「チャンとした状態」とは何かを議論すらできない、政治の劣化に怒っているのが本質ではないでしょうか。

ところが、自民党は「国民には、どうせ悪夢の民主党政権に戻す勇気はない」と舐め切っているので、改革をする姿勢なんて微塵《みじん》も見えない。官僚が決めた行政のルーティンをこなしているだけ。

ハマコーさんの時代も政治不信は今より惨かったですが、それに対しては一言。「ひれ伏して詫《わ》びよ」です。

「確かにわれわれには、欠陥がありましたが、このように改めました。地球上において日本国民の長期生存を果たすためには、いましばらく自由主義国家陣営における発言権を私たちにお与えください」

と、国民の前にひれ伏してお詫びをし、お願いをして再出発すべきだったのだ。

（前掲『日本をダメにした九人の政治家』二一一頁）


しかし、当時の自民党はひれ伏さなかったし、今もするわけがない。

ちなみにハマコーさん、公明党にもすごいことを言っています。「公明党が革新大衆政党かと言うと、けしてそうではない。池田大作さんが支配する独裁政党ではないかという感を私は抱いている訳です（中略）しかし、公明党が、憲法第一条の象徴天皇より、創価学会の池田会長を尊敬するという問題をきちんと整理し、つまり、象徴天皇の次に池田先生を尊敬すると言う体質、体制に変わり、次に、自らの手で守るという自衛権をきちんと認めた上で、信仰しながら額に汗して働く者が幸せになる社会、それは自由主義社会しかないという基本的な原則をとるならば、自民党は、公明党から閣僚をとってもいいんじゃないかとさえ思っています」とか書いている（浜田幸一『不肖ハマコーがゆく』ネスコ、一九八九年、一七二〜一七三頁）。

自民党と公明党の連立は長いですが、自民党が「天皇陛下の次に池田大作先生を尊敬すると誓え」なんて迫った話なんか聞きません。ねじれ国会で苦しんでいた自民党が、する訳がない。一方、公明党のほうは、与党にいるうちに現実政党として、政権担当能力をつけたのではないでしょうか。安倍内閣の集団的自衛権容認に協力しましたし、自由主義経済政策にも協力的。そして、令和六年の皇位継承問題では、グズグズする自民党に公明党が助け舟を出すほどです。この党は、党員を説得する必要があるので、自然と近代政党としての振る舞いをしているように見えます。

ハマコーさんは暴露本を書いていても、「党近代化」「近代政党」「思想闘争」の重要性を説きます。ハマコーさん、無茶苦茶な人ではありましたが、正論を言い続けた人でもありました。

「綱領」「組織」「議員」の三つが兼ね備わった政党

日本をちゃんとさせる、たった一つの解決策とは何か。

政党近代化、近代政党を作ることです。

具体的に既存の政党を近代化するのか、新たに近代政党を作るのか。その方法は問いません。そんなのは当事者の政治家が考えることです。今までのように離合集散だけされても困ります。離合集散のオマケで理念と政策だったら、その政党は絶対に近代政党ではありませんから。

国民の側からは「こういう政治をしてほしい」と要求を明確にすることが大事です。すなわち、マトモな近代政党を二つ作れ、と。

本書第一部で「政治改革挫折の歴史」をお話しし、第二部で「日本人が政治に絶望する十の理由」を取り上げました。その十の病根を、近代政党が二つできれば取り除けるのかできます。

まず近代政党の定義です。政治学では色んな定義があって、もはやこれが正解だとは示せないのですが、私は「綱領」「組織」「議員」の三つが兼ね備わった政党が近代政党だと考えています。

一つひとつ見ていきましょう。

まず政党とは、党首を総理大臣にして政策を実現する団体です。政党とは、まず党首です。理念を体現する党首です。ただの議員の野合集団では派閥と同じです。十九世紀前半のイギリスでも、政党はこういう前近代的な政党でした。今の自民党など、イギリスだと十九世紀前半の「政治家の派閥の巨大なもの」の域を超えているのか。

平成の政治改革の際には、「議員の集団」が新党を名乗っていましたが、それでは会派です。会派は議員たちの意志で簡単にくっついたり離れたりできますから。新進党を作る際、公明党が「ウチは全国に組織があるので簡単には合流できず」と合併が遅れたのは、公明党が派閥でも会派でもなく、政党だったからでしょう。

なお、NHK党のように「NHKのスクランブル放送を実現する目的で集まった集団」は法的には政党ですが、政治的な本質においては政治団体です。少なくとも「党首を総理大臣にして政策を実現する団体」との意味での政党ではありません。

戦後政治において、「党首を総理大臣にする集まり」の政党が、自民党以外にいくつあったか。旧民主党はそれを目指し、実際に政権をとったのだから、そこは評価されてしかるべきと思います。とった後はともかく。

逆に自民党の不幸は、「政権を目指す」訓練をしたことがないことです。細川連立政権の時、小泉純一郎は「自民党は十年くらい野党をやらないと改革できない」と言っていたそうです。その次の民主党に負けた後の野党暮らしも三年半。世襲以外の候補者を擁立できた点ではよかったし、若返りも図れたのですが、政党近代化ができていたら、こんな風にはなっていないでしょう。

野党のほうも、自民党だけに「総裁」の名称を許すのではなく、自分も「総裁」を名乗ったほうがいい。総裁には「他を圧する格上」のニュアンスがあります。「代表」だの「党首」だの、自ら格下を名乗る必要はない。やる気があれば即座にできる、野党の健全化です。

また、野党の時にしかできないことがあります。政権担当党が総裁選を廃止すると権力にしがみつく独裁者のような批判を招きかねませんから、野党のうちに総理大臣在任中は総裁選を行わないと決めておくことです。総理大臣が総裁選挙を気にして政権運営をできないのでは困りますから。

政党は党首を総理大臣にする集団であるという前提で三つの要素です。

その党全体を規律する理念が綱領にまとまっていなければ、「党首の個人商店」にすぎません。最近、自民党は「何となく保守」で立憲民主党は「なんとなくリベラル」な理念があります。では、徹底した理念論争を党内で行っているか。政策の利害調整は日常的に行われているのは周知の事実ですが、では確固たる理念の論争はどうか。

この点で最も明確なのは、公明党と共産党です。しかし、この両党の理念は日本人の中の少数派に向けての理念であって、国民政党にはなりえない。

「政治に関心がある普通の人」を集める

次に組織です。

自民党は四七都道府県に県連があり、全国津々浦々に組織を持っています。ただし、実態は個人後援会と圧力団体の連合で、議員に附属しています。小選挙区制導入で幹事長の権限が強まりましたが、まだまだ県連や団体の力は強く、個人後援会の意向を無視できないから世襲議員が大量発生している。この場合の世襲とは実際の血縁とは限らないのは第二部の通り。代議士が引退したから後援会を解散しようなんてありうるのか。それをやると自分たちの既得権益を手放すことになります。

一つの近代政党の姿ですが、アメリカだとその選挙区で党員の選挙により候補者を選びます。だから党員が一生懸命に候補者を応援する。翻って我が国では、公募があって、県連の意向で候補者が選考され、中央の幹事長が公認する。その過程で、中央と地元が意向を探り合う。日本で候補者の予備選挙を行うのは難しい面があります。自民党だと、世襲候補が勝つでしょうし、立憲民主党だと組織支援を受けられる候補が勝つでしょう。

しかし、そもそも自民党だって、「党員が直接選ぶ総裁選挙」で改革しました。「政治に関心がある普通の人」をいかに集めて党員になってもらえるか。さらにその人たちが党員以外の普通の人をいかに説得できるかで党勢拡大が決まって政党が発展、健全な民主政治が生まれます。隗《かい》より始めよではないですが、多数の国民が政治不信を持ち、背を向けているなら、まずは政治に関心を持つ層の政治に関わるモチベーションを上げる方策を考えたほうがよいでしょう。

健全な党内民主主義が育まれ「自分たちの意見が通る」となったら、所属する党への忠誠心（ロイヤリティー）は高まります。そうした政治に満足する層を増やしていくことが、政党近代化と政治改革の要諦であるはずです。

政党組織の二本柱は幹事長と政調会長です。自民党の場合だと、党三役は幹事長・政調会長に加え、総務会長です。

総務会長とは党大会に代わる日常的な意思決定機関である総務会の議長です。元々は総務会長は、総裁のことなのです。戦前の政党の総務は幹部の集まりで、今でいう派閥実力者級の集まりの総務会をまとめるのは、総裁か総裁に次ぐ実力者の役回りでした。今はどの党も、「幹部が集まるのは総務会」という運用はしているようです。自民党の総務会は三役ほか幹部が出席しますし、立憲民主党は幹部会がそれにあたるようです。

政党の命は政策ですが、政務調査会は政党独自のシンクタンクだったのに、与党政調は「官僚から情報を貰う場」と化しています。これこそ、真面目な官僚が困ります。官僚はポジショントークから離れられない生き物なのですから、政治家は官僚と会う前に頭を作っておかねばならない。その頭を作るのに必要なのが、シンクタンクです。どこの党も、もっとお金をかけて人材を集めたほうがいい。

たとえば、政策秘書は年収約一〇〇〇万円ですが、その人たちを議員ではなく党に従属させるようにしたほうがいい。名前は政策秘書でも議員の地元活動に駆り出されている人が大半と聞きます。時に「貴方は本当に政策の仕事をしているんですか⁉」という本末転倒な会話まで罷り通っています。

自民党だと幹事長の下に、国会対策委員長や広報局長のような他の七役、直属の経理局や青年局などがありますが、最も軽視されているといってよいのが、中央政治大学院と学生部です。中央政治大学院こそが教育機関のはずですが、そういう話は聞きません。平然と「派閥こそが教育機関」のような言い訳が罷り通ってきましたし。また、イギリスや欧米諸国では学生部はリクルーティングの場です。「一流大学の優秀な学生を、政策スタッフとして就職させ、優秀ならば鉄板の選挙区を与えて当選させ……」などという話を日本で聞いたことがありません。

しかし、政党が「党首を総理大臣にして政策を実現する集団」であるならば、そして自党が国政において欠くべからざる公的な存在であると本気で思うならば、若い大学生をスカウトして、「将来の総理大臣として育てる」仕組みがなければおかしいはずです。

自民党に限らず、どこの党にそのような仕組みがあるのか。かろうじて、公明党と共産党でしょうか。この両党は「この人を将来の党首に育てる」という仕組みはあるようです。もっとも、党を率いるまでで、「総理大臣として日本を率いる人材を育てる」ように教育しているようには見えませんが。

どの党も、日常的に政党運営する組織はそれなりにしっかりしているのですが、「将来の総理大臣を育てる仕組み」があるように見えません。当然、学生部のような組織では、政策に関する演説と討論により国民の支持を得て官僚を統御する訓練がなされていなければなりません。

日本には議論する文化がありませんから、国会での議論により物事を決める文化が生まれようがありません。

日本の政党の最大の問題は、採用と出世そして教育です。ここに切り込むのが、政治改革の本質です。各党がこれをやることで、選挙においては「どの党の党首に総理大臣を任せればよいか」を国民が選ぶ政治が実現します。

選挙をやるからには、最低でも二つの選択肢がなければなりません。三つ必要かどうかはともかく、最低二つ。一つしかないのは、ゼロと同じなのは第一部でさんざんお話ししました。

綱領・組織の次に議員があるのであって、逆ではありません。

求められる政治改革の本質は「選挙に行く意味がない政治」をどうするかです。官僚を統御して国を率いる政治家がいるのか。これに答えるのが、近代政党（かつ国民政党）を最低でも二つ作ることです。

面倒くさいが価値はあるオーストラリア型小選挙区制

私が本書で述べたのは、「日本をどこに持って行くのか」を健全な議論によって決める仕組みがないという本質であって、制度論ではありません。政治とカネは些末《さまつ》な話です。

ここで二つ問題が残ります。

一つは参議院です。これは憲法上の欠陥なので、どうしようもありません。「憲法改正ができるならこういう風な制度もある」という内容は、前掲『自由主義憲法』で提示しておきました。しかし、これは明日実現できる話ではありません。ただ、数の衆議院に対し、理の参議院。直近の民意を反映させる衆議院に対し、専門家集団である参議院であるべし、との哲学で制度を考えました。

現実には「衆参同日選挙を慣例化する」しかないと思います。

あくまで慣例化なので、本当に必要な時は解散を妨げない。今のように、与党が好きな時に好きな理由で解散できるのでは、選挙が忙しくて政治ができないという状態になります。オーストラリアやイタリアでは、同日選挙が慣例化されています（小堀眞裕『国会改造論』文春新書、二〇一三年）。同日選挙だと、与党が勝っても野党が勝ってもねじれが起きにくくなります。

総理大臣任期中は総裁選を行わないのが政党のあり方になると、同日選挙に勝ちさえすれば、三年間は選挙を気にせず政治を行えます。

そして衆議院の小選挙区比例代表並立制。中選挙区制に戻すのは論外。では、どのような制度なら議論する価値があるか。

オーストラリア型小選挙区制を挙げておきます。小選挙区優先順位付投票制と呼ばれます。これは一つの欠点を除いて、最も民主的で完璧な制度と言われます。どんな制度か。

当選するのは、一つの選挙区に一人です。有権者は候補者全員に順位をつけねばなりません。一回の投票で過半数の得票者がいれば、当選確定。しかし、いなければ過半数の候補者が出てくるまで何度でも投票します。一回目の投票では最下位の候補の落選が確定します。落選した候補に投じた人たちの票は、二回目の投票では二番目に入れたい人として順位をつけられた候補に加算されます。二回目で過半数の得票を得た候補が出れば終了で出なければ最下位の候補の落選が確定し……を繰り返します。

小選挙区制の最大の欠点である、死票がほとんどなくなります。同時に、小選挙区制のため、基本的には一回目の投票で一位だった候補が受かるので、「一番支持を受けた人が当選する」という小選挙区制のメリットは享受できます。政治家同士の談合が不可能に近い制度なので、有権者の意志が通りやすくなります。

では、唯一の欠陥はと言うと、「滅茶苦茶面倒ください！」

選挙に行く意味のある政治を

しかし、民主主義はコストがかかります。

今の小選挙区制が問題だと言うなら、これくらいやらないと。

政治が劣化したと嘆くのは簡単です。国民が政治そのものを見放して、はや五十年。では、このまま諦めっぱなしでよいのか。

私は今回の、もはや何度目かわからない政治改革の波により「政党よ、近代化せよ。前近代的な制度から決別せよ。選挙に行く意味のある政治を行え」と要求を突きつけるべきだと考えています。

おわりに

本書は緊急出版です。

昨年末から降って湧いたように「政治とカネ」の話が再燃。半年に及ぶ通常国会は、政治資金規正法の改正問題で揺れ続けました。その中身は触れません。本文で縷々説明したように、「政治とカネ」など政治改革の入り口にすぎませんから。

頭が痛いのが、岸田文雄総裁（総理大臣である）が率いる自民党は、皇位継承問題と憲法改正を同時に進めようとして、両方とも挫折したことです。いずれにしても歴史に残る大事業ですが、それを同時並行でやれると考える方がどうかしています。まず、難易度を測定できているのか。難しいのは圧倒的に憲法改正です。皇位継承問題は最終的に皇室典範の改正なので衆参両院の過半数で可能。改憲は、衆参両院の三分の二で発議して、国民投票の過半数を得なければばならない。優先するなら皇位継承です。ところが、いつまでに何をしなければならないかをまったくわかっていない。自民党は昨令和五年丸々サボっていて、今年の四月になってようやく党の意見書をまとめたけれども、これで六月までにまとまったら奇跡です。こんな大事な話を「政治とカネ」の片手間でやっていた。もはや政権担当能力を疑うしかない。

政治家に「個々の政策のすべてに通じろ」などと要求するのは不可能です。選挙もあるし、一つの政策だけにかかわるわけにはいかない。しかし、政策の理解が不充分でも（時にまったくわかっていなくても）、いつまでにどうやって通さねばならないかをわかっているのが政治家であって、これは官僚や学者にはできません。

あげく、虻蜂《あぶはち》取らず。目も当てられません。

それより、「平成初頭の政治改革はなんだったのか」と言われるようになったので、これは歴史的事実に基づいて誰かが総括しておかねば、また誤診に基づく誤った治療をしてしまうなと考えたので、本書を執筆しようと決意しました。

誤診とは何か。

平成の政治改革は湾岸危機で死ぬほど恥ずかしい思いをしたので、マトモな政党を作ってマトモな政治家が国を率いなければ、政治とカネの問題などさっさと片付けねば話にならない。とにもかくにも政党近代化をする、近代政党を最低二つ作らねばならないとの問題意識で政治改革が始まった。ところが、その問題意識が忘れられ、「政党近代化」「近代政党」そのものが死語になってしまったことを知らない人が多すぎることです。

誤った治療とは、政党のあり方を無視して選挙制度の問題だけに原因を求めること、政党とは何かを考えずに政治とカネの問題だけに終始することです。少なくとも中選挙区制の時代よりはマシなのだから、真の病原体を無視して体の健康な部分を切り取るような真似をしてはならないはずです。

改めて、なぜあなたは日本の政治に絶望するのか。日本の政治が「ちゃんと」していないからです。その「ちゃんと」した状態を定義しないで議論を始めても意味がありません。

そして国会が終わったその日から、自民党総裁選が実質的に始まりました。全国の自民党議員から「岸田やめろ」の声が上がり、解消したはずの派閥活動が活発化。予言と呼ぶのもおこがましいのですが、自民党が派閥解消を宣言すれば派閥抗争が激化するの法則通りです。ただし、表向きの派閥が解散したので、動きが読みにくい。

しかし、国民は達観しています。「どうせ岸田さんじゃ選挙に勝てないから、勝てそうな人に看板を変えて選挙をやるんでしょ」と見透かされています。

自民党の改革は簡単です。政権を失う危機感を抱くと、いかなる改革でも断行し、全員が従う。権力を維持した時間の長さでは、世界最強の民主主義政党です。それは世界最弱の野党第一党に支えられている立場でもありますが。そして、野党のほうは……。

果たして国民はまたもや絶望するのか、希望を持てるのか。

政界の一寸先は闇。政権交代の機運は日に日に高まっていますが、日に日に野党への不安が高まっているということでもあります。今の野党第一党である立憲民主党の惨状は、本文で言及しておきました。

本書、政治改革の本ですが、自民党の話ばかりになりました。なぜなら戦後政治とは自民党派閥政治だからです。

しかし、処方箋は与野党共通です。

ただ、自民党が持ち直すかもしれないし、政権交代したとしても参議院の第一党は自民党です。こうした現実を踏まえないで、日々のニュースに一喜一憂しているだけなら、後から絶望が倍化するだけです。平成の政治改革がそうであったように。

なお、平成の政治改革では、多くの政治家が「熱病にかかっていたようだった」と自己批判していましたが、それは貴方たちの行動が目的を忘れて頓珍漢な方向に向かったからでしょう。その成れの果てが今です。

本書は自民党の草創から、お話ししました。イギリスや西ドイツは、政党を近代化し、マトモな政党が最低二つある。投票する意味のある政治を行っています。国柄は違えど、保守勢力と革新勢力の二代党派のどちらが政権を担っても、国家の方向性は揺るがない。

翻って日本は、常に野党第一党を占める革新勢力があまりに無能なので、どんなに腐敗しようとも自民党を第一党に選び続けるしかない。選択肢が一つしかないと腐敗は無限大になる。それは選択肢がないのと同じだから、日本人は政治に絶望するしかない。

そのツケが冷戦末期に回ってきました。西ドイツはソ連の滅び際に乗じて東ドイツを取り返しました。「いつか必ず東を取り返す」との合意が主要政党間にありました。だから、できたのです。

一方の我が国は、ソ連が滅んでも北方領土を取り返そうとする人がいない……。主要政党間の合意などあるわけがないので、できるわけがない。

あれから三十年以上。国際環境は変わりました。第二次大戦後、世界の覇権国家であったアメリカの力にも陰りが見えてきました。中国の台頭を警戒し、ロシアや北朝鮮の不穏な動きに振り回されている。かれらの膨張を防ぐには、もはやアジア太平洋で日本の復活を認めざるを得なくなっている。つまり、かつての戦勝国であるアメリカのお墨付きで、日本は大国に戻る好機を得ているのです。

政治改革の要諦は、大国を率いる指導者を育てること。そのような制度である近代政党を作り出すこと。国民の力を結集するためには、政権担当能力のある政党を最低二つ育てること（＝近代政党を二つ作る）です。

日本国が地球上で文明国として生き残るためには、経済を成長させて国力をつけ、額に汗して働く者が報われるような富の公正配分を行い、自分の国は自分で守る軍事力を持ち、日米同盟を基軸とし、自由主義諸国と連帯し、無法者を許さないとの姿勢を毅然と示す。そうした態度を世界に向けて堂々と発信できる大国の指導者を育てること。これこそが真の政治改革ではないでしょうか。

ではどうするか。改めて。

税金を貰ってんだから、ちゃんとしろ！

政治は政治家だけに任せておくには、あまりに重大な問題である。政治家に絶望するよりも、自分たちが勉強して政治家に正しい要求を突きつける国民が増える。

これが真の政治改革だと信じて筆をおきます。

無理な日程ですべてをこなしてくれた倉山工房の徳岡知和子さん、本書の緊急出版を快くお引き受けくださったＰＨＰ研究所の白地利成さんに感謝し、筆をおく。

令和六年六月

倉山　満

PHP新書
PHP INTERFACE
https://www.php.co.jp/

倉山 満［くらやま・みつる］

1973年、香川県生まれ。憲政史研究家。一般社団法人救国シンクタンク理事長兼所長。中央大学文学部史学科国史学専攻卒業後、同大学院博士前期課程を修了。在学中より国士舘大学日本政教研究所非常勤研究員を務め、2015年まで日本国憲法を教える。現在、ブログ「倉山満の砦」やコンテンツ配信サービス「倉山塾」やインターネット番組「チャンネルくらら」などで積極的に言論活動を行う。著書に『決定版 皇室論』（ワニブックス）、『参議院』（光文社新書）、『ウッドロー・ウィルソン』（PHP新書）など多数。

自民党はなぜここまで壊れたのか

PHP新書 1403

二〇二四年八月五日 第一版第一刷

著者——倉山 満
発行者——永田貴之
発行所——株式会社PHP研究所
東京本部——〒135-8137 江東区豊洲5-6-52
ビジネス・教養出版部 ☎03-3520-9615（編集）
普及部 ☎03-3520-9630（販売）
京都本部——〒601-8411 京都市南区西九条北ノ内町11
組版——有限会社メディアネット
装幀者——芦澤泰偉＋明石すみれ
印刷所
製本所——大日本印刷株式会社

ISBN978-4-569-85763-3

PHP新書刊行にあたって

「繁栄を通じて平和と幸福を」(PEACE and HAPPINESS through PROSPERITY)の願いのもと、PHP研究所が創設されて今年で五十周年を迎えます。その歩みは、日本人が先の戦争を乗り越え、並々ならぬ努力を続けて、今日の繁栄を築き上げてきた軌跡に重なります。

しかし、平和で豊かな生活を手にした現在、多くの日本人は、自分が何のために生きているのか、どのように生きていきたいのかを、見失いつつあるように思われます。そして、その間にも、日本国内や世界のみならず地球規模での大きな変化が日々生起し、解決すべき問題となって私たちのもとに押し寄せてきます。

このような時代に人生の確かな価値を見出し、生きる喜びに満ちあふれた社会を実現するために、いま何が求められているのでしょうか。それは、先達が培ってきた知恵を紡ぎ直すこと、その上で自分たち一人一人がおかれた現実と進むべき未来について丹念に考えていくこと以外にはありません。

その営みは、単なる知識に終わらない深い思索へ、そしてよく生きるための哲学への旅でもあります。弊所が創設五十周年を迎えましたのを機に、PHP新書を創刊し、この新たな旅を読者と共に歩んでいきたいと思っています。多くの読者の共感と支援を心よりお願いいたします。

一九九六年十月

PHP研究所